부자가 되기 위해 알아야 하는 돈의 속성

삶에 필요한 재테크,
쉽게 배우는
금융지식

부자가 되기 위해 알아야 하는 돈의 속성

삶에 필요한 재테크,
쉽게 배우는 금융지식

저자 전의진

경제적 부를 창출하는 금융지능의 힘

"이 책을 통해 얻는 지식과 사고습관은
당신의 삶을 크게 변화시킬 것입니다."

★★★★★
자본주의 속에서
살아가는
현대인을 위한
필독서

- 은행, 증권사, 보험사 활용법
- 세금 혜택을 받을 수 있는 금융상품
- 주식/채권, 부동산, 금/달러, 금리/환율의 개념과 관계
- 세계 경제위기 원인 분석

바른북스

제가 원하는 삶의 모습은

[   ]

그리고 그렇게 될 예정입니다!

들어가면서

지금은 재테크의 시대다. 버스나 지하철, 길거리에서 사람들이 스마트폰으로 주식, 코인을 하고 있는 모습을 적지 않게 볼 수 있게 되었고 주식, 부동산, 코인, 달러, 금 등의 투자수단은 계속해서 순환하며 인기를 얻고 있으며, 합리적인 소비를 위해 각종 혜택과 쿠폰을 찾아다니는 베테크(benefit+재테크)족이라는 신조어도 생겨날 만큼 돈을 합리적으로 모으고 사용하며 증식시키기 위한 노력이 다양한 방면에서 이루어지고 있는 상황이다. 불안한 경제상황 속에서 주식으로 돈을 번 사람, 부동산으로 돈을 번 사람, 코인으로 돈을 번 사람 등 다양한 재테크 수단을 바탕으로 돈을 번 사람이 TV 방송, 유튜브 등의 채널을 통해 사람들에게 알려지고 합리적인 소비를 위해 돈을 아끼고 각종 혜택 등을 활용하는 방법이 인기를 끌게 되면서 재테크는 이제 사람들이 더욱 효율적인 금융 생활을 영위하기 위해 필수적으로 활용해야 하는 지식으로 자리 잡게 되었다.

특히 부동산 가격 폭등 및 취업난, 불경기 등의 상황에서 재테크는 돈을 벌고 자금을 증식할 수 있는 수단으로 각광받고 있다. 이에 따라 현대인들의 관심은 계속해서 높아지고 '나도 재테크로 돈 좀 벌어보자!'라는 노력이 성행하게 되었다. 하지만 재테크를 통한 수익은 전문성의 영역이고 수많은 경제 상황에 영향을 받으며 리스크를 수반하기에 언제나 성공으로 이어지는 것은 현실적으로 어렵다. 경제가 호황일 때에는 흐름에 편승하기만 해도 돈을 벌지만, 불황일 경우에는 어떤 투자를 하더라도 손해를 볼 가능성이 높기 때문이다. 특히 불확실성에 의해 수많은 변수가 발생하는 시장에서 경제 및 재테크에 대한 올바른 지식과 전문성을 갖추지 못한 상태로 이루어지는 재테크는 단순히 운에 의존한 도박과 같다.

이제 재테크는 경제적으로 더욱 풍족한 삶을 살아가기 위해 필수적으로 해야만 하는 활동으로 인식되고 있다. 하지만 재테크를 시작하기 전에 반드시 알아두어야 하는 사실이 있다. 재테크를 통해서 돈을 버는 사람도 있지만, 돈을 잃는 사람도 상당히 많다는 것이다. 재테크를 통해 돈을 잃은 사람은 그 사실을 다른 사람들에게 잘 드러내지 않고 돈을 번 사람은 사람들에게 드러내는 과정에서 내용을 더욱 과장하고 부풀리는 경향이 있어 편향된 성공 사례에만 노출된 사람은 재테크에 대한 잘못된 환상을 가지고 있는 경우도 있다. 실제로 재테크는 사람과 사람 사이의 거래를 기반으로 한다는 점에서 제로섬적인 측면을 일부 가지고 있기도 하다.

재테크를 통해 자산을 모으고 증식시키기 위해서는 경제 흐름을 이해하고 이를 통해 올바른 판단을 내릴 수 있는 제대로 된 금융지식이 필요하다. 투자를 통해 자산을 증식시킬 가능성을 높이고, 자산을 잃을 가능성을 낮추기 위한 올바른 지식과 노력이다.

당신이 직장인이라면 절약을 통해 돈을 아끼고, 소득을 증가시켜 자산을 형성하는 것은 보통 한계가 있다. 월급만으로는 집, 결혼, 양육, 노후자금 등 원하는 재무목표를 달성하는 것이 현실적으로 어려운 세상이 되었기 때문이다. 따라서 원하는 재무목표를 달성하기 위해 올바른 금융지식을 바탕으로 자산을 효율적으로 활용하고 증식시켜야만 한다. 그러지 못한다면 결국에는 원하는 재무목표를 수정하거나 포기해야만 하는 상황을 마주하게 될 가능성이 높다.

이 책은 자산을 형성하기 위한 구체적인 수단과 방법을 나열하거나 행동을 촉구하는 책은 아니다. 다만 온라인, 오프라인에 노출된 정제되지 않은 다양한 정보들 사이에서 독자들이 올바른 금융지식을 쉽게 이해하는 데 도움을 주기 위해 이 책을 썼다. 태어나 평생 금융 활동을 하며 살아가야 하는 독자들이 이 책을 통해 올바른 재테크 지식을 습득하여 합리적인 금융 생활을 할 수 있기를 기대한다.

전의진

목차

들어가면서

chapter 1

금융지식이 무엇인가요?

- 한국인의 금융지식   18
- 유대인의 금융지식   23
- 돈과 행복의 상관관계   24
- 돈에 대한 인식   25

chapter 2

경제적 자유를 얻기 위해 꼭 알아야 하는 금융지식

- 자본주의의 영향   30
- 재테크가 필요한 현실   34
- 현실인식   37
- 연금과 노후대비   39
- 사회보험의 종류   42
- 재테크란 무엇인가   45

chapter 3

재테크의 시작

- 재무목표 세우기   52
- 현금흐름 파악하기   54
- 소비 줄이기   56
- 계좌 구분하기   59

chapter 4

금융사의 활용

1) 은행

- 금융권   67
- 단리와 복리   68
- 예금/적금   69
- 대출   71
- 원리금 상환   74

2) 증권사

- CMA 계좌 　　　　　　　　　77
- 주식 　　　　　　　　　　　78
- 재무제표 　　　　　　　　　81
- 기업공개(IPO) 　　　　　　　84
- 채권 　　　　　　　　　　　85
- 펀드 　　　　　　　　　　　87
- 파생상품 　　　　　　　　　88

3) 보험사

- 생명보험/손해보험 　　　　　90
- 보장성 보험 　　　　　　　　92
- 저축성 보험 　　　　　　　　96

chapter 5

재테크 지식

1) 부동산

- 부동산과 인구　　　　　　　　**101**
- 부동산 구역　　　　　　　　　**102**
- 건축물 종류　　　　　　　　　**104**
- 부동산 거래　　　　　　　　　**107**
- 부동산 수익구조　　　　　　　**109**
- 부동산 순환　　　　　　　　　**110**
- 부동산 규제　　　　　　　　　**113**
- 부동산 관련 세금　　　　　　　**116**
- 투자 방법　　　　　　　　　　**118**

2) 달러/금

- 기축통화 : 달러　　　　　　　**119**
- 트리핀 딜레마　　　　　　　　**120**
- 세뇨리지 효과　　　　　　　　**121**
- 가치 있는 금속 : 금　　　　　　**123**

- 금본위제도   **123**
- 패트로 달러   **124**
- 셰일가스   **125**
- 투자 방법   **127**

3) 금리/환율

- 금리   **129**
- 양적 완화/긴축   **131**
- 환율   **132**
- 석유   **133**

4) 가상화폐

5) 세금

- 과세표준   **137**
- 연말정산   **139**
- 소득공제 및 세액공제   **140**
- 공제 상품   **141**
- 증여/상속 공제   **149**

6) 경제 순환 및 경제위기

- 경제 순환   **150**
- 한국 IMF 외환위기   **153**
- 일본의 잃어버린 20년   **155**
- 서브프라임 모기지 사태   **157**
- 경제는 반복된다   **158**

chapter 6

재무목표의 달성

- 금융지식의 활용　　　　　　**164**
- 현금흐름 관리　　　　　　　**165**
- 재무비율 확인　　　　　　　**166**
- 계좌 설정하기　　　　　　　**167**
- 금융상품의 활용　　　　　　**168**
- 재무목표 설정　　　　　　　**170**
- 투자성향 파악　　　　　　　**171**
- 유동성 확보　　　　　　　　**173**
- 분산투자　　　　　　　　　　**175**
- 투자 방식　　　　　　　　　**176**
- 투자기준 설정　　　　　　　**178**
- 경제 상황 파악　　　　　　　**179**
- 투자 결정　　　　　　　　　**181**
- 투자 대상 설정　　　　　　　**182**
- 재무목표 달성　　　　　　　**183**
- 알아두면 좋은 금융상식　　　**184**
- 노후대비　　　　　　　　　　**186**

삶에 필요한 재테크,
쉽게 배우는 금융지식

금융지식

=

경제적으로
더 나은 삶을 살아가는 기반

chapter 1

금융지식이 무엇인가요?

금융지식이 무엇인가요?

한국인의 금융지식

금융지식은 금융에 대한 지식과 함께 이를 활용할 수 있는 능력이다. 투자 열풍과 핀테크 등 금융 어플리케이션 등의 개발로 인해 대한민국 국민의 금융 이해도는 계속해서 높아지는 상황이지만, 금융을 제대로 이해하고 있지 못하는 사람들 또한 여전히 많다. 한국은행과 금융감독원에서 발표한 '2020 전 국민 금융이해력 조사'에 따르면 금융과 관련된 교육 기회의 증가로 한국인의 금융지식은 계속해서 높아지고 있으나 이를 활용하는 금융 태도는 아직 미흡한 것으로 나타나고 있다. 대부분의 성인은 이제 금융에 관심을 가지고 저축과 투자를 하지만, 장기 재무목표를 세우고 이를 실현하기 위해 노력하기보다는 단기적인 자산 증식에 초점을 맞추고 있으며, 특히 청년층의 경우 소비를 선호하는 경향으로 인해 실천이 부족하다는 조사결과를 보여주고 있다.

 금융지식이 높은 사람은 예상치 못한 지출 상황 및 소득 상실 위험 속에서도 융통성 있게 경제적인 대응이 가능하다. 하지만 금융지식이 낮은 사람은 위험 속에서 개인에게 불리한 비합리적 판단 및 선택으로 스스로를 더욱 힘든 상황 속으로 몰아넣곤 한다. 우리나라는 전쟁 후 '한강의 기적'이라는 눈부신 경제성장을 이루었지만, 금융에 대한 인식은 그만큼 함께 발전하지 못해 장기간 금융지능이 OECD 하위권을 유지하였고 많은 사람들이 금융을 이해하고 활용하지 못해 다양한 경제적 위기를 겪었다. 또한 불필요한 소비, 무분별한 대출, 도움이 되지 않는 금융상품 가입과 같이 정기적으로 순환하는 경제위기와 별개로 개인적인 경제 위험을 맞닥뜨린 사람들도 상당히 많다.

특히 우리나라에서는 금융지식을 올바르게 배울 수 있는 환경이 부족했던 것도 사실이다. 가정에서 돈을 나쁘게 생각해 돈과 관련한 이야기를 금기시하거나 부부 서로 간에도 수입과 지출을 공유하지 않는 것, 자녀들에게 가정에서 발생하는 현금흐름에 대한 개념을 전혀 공유하지 않고 공부만 강조하는 것, 성장 과정에서 금융과 관련된 지식을 자연스럽게 배울만한 기회가 없었던 것 또한 현대인들이 올바른 금융지식을 배우지 못하고 돈을 계획적으로 활용할 수 있는 능력을 갖추지 못하게 된 원인이 되었다.

금융지식 습득 및 실천을
방해하는 가정환경 TOP3

1. 돈은 나쁜거야!
2. 돈은 무슨, 공부나 해!
3. 아내(남편/엄마)가 알아서 다 하고 있어, 난 몰라!

성장 과정에서 금융지식이 올바르게 형성되지 않으면, 성인이 되면서 상당히 많은 경제적 문제와 부딪히게 된다. 경제생활을 하지만 돈을 모으지 못하고 때로는 수익보다 더 많은 지출로 인해 빚과 이자에 허덕이며, 생활, 연애, 취미, 결혼 등 삶의 과정 속에서 필요한 목적자금을 충족시키지 못해 삶의 중요한 계획을 수정하고 포기해야만 하는 상황이 발생하기도 한다. 이러한 문제는 모든 사람들에게 적용되지만, 특히 노인들에게 더 큰 문제로 작용한다. 나이, 건강상의 이유로 인해 더 이상 경제활동을 하기 어려운 상황에서 경제적인 준비가 되어있지 않으면, 수명이 다할 때까지 경제적인 궁핍에서 벗어날 수 있는 가능성이 매우 희박하기 때문이다.

우리나라의 고령화는 현재 OECD 국가 중 가장 빠른 속도로 진행되고 있으며 2041년에는 33.4%, 즉 3명 중 한 명이 노인이 될 전망이라고 한다. 또한 2018년 기준 한국인의 노인 빈곤율은 43.4%로 1위를 기록하고 있다. 빛나는 경제 발전과 성장을 이룩하였음에도, 자신의 노후를 대비하지 못하고 힘든 생활을 영위하는 노인들이 많다는 현실은 우리 중 어느 한 명 빠짐없이 노인이 될 것이라는 측면에서 매우 심각하게 받아들여야 하는 사실이다.

 사람들은 보통 닥친 현실에 집중하는 경향이 있다. 차는 있지만 돈은 없는 카 푸어, 집은 있지만 돈은 없는 하우스 푸어, 자녀 교육에는 열심이지만 돈은 없는 에듀 푸어 등 여러 용어들이 계속해서 생겨나고 있으며, 연애, 결혼, 출산, 내 집 마련, 인간관계, 꿈, 희망 등을 포기하는 N포세대라는 수식어까지 생겨나게 된 상황에서 먼 미래인 노후까지 고려하는 것은 너무나 큰 부담이 되어버렸다. 그렇다 보니 돈을 착실하게 모으기보다 그냥 돈을 편하게 사용하며 현재의 즐거움을 추구하는 욜로족, 결혼은 하지만 자녀는 낳지 않는 딩크족, 결혼을 포기하는 비혼족, 너무 많은 것을 포기해야 하는 상황에 무기력해져 아무것도 하지 않는 니트족, 도박성 투자를 통해 단기간에 경제적인 부담에서 벗어나고자 하는 파이어족 등의 용어도 발생했다.

이전에는 월급을 착실히 모으기만 하면 물가상승률보다 더 높은 임금상승률과 높은 이자를 바탕으로 재무목표를 달성하는 것이 비교적 수월했다. 하지만 우리나라도 선진국에 들어서기 시작하면서 임금상승률이 낮아지고 투기 열풍, 인플레이션 등으로 인해 체감 임금은 더욱 낮아지고 월급을 단순히 착실하게 모으는 것만으로는 여러 목표 중 내 집 마련조차도 어려워진 것이 현실이 되면서 추가적인 소득 및 자산 증식을 위해 부업과 각종 재테크 지식 및 수단에 대한 관심이 증가하게 되었다.

금융지식은 우리가 평생을 살아가면서 활용해야만 하는 지식이기에 지속적인 공부와 실천이 필요하다. 돈이 순환하는 다양한 방식을 이해하고 이를 생활에 적용하는 것은 단순히 돈을 더 많이 증식시키는 것을 떠나 돈을 더욱 효율적으로 소비하며 활용할 수 있도록 도와줌으로써 합리적이고 효율적인 경제생활을 돕기 때문이다.

유대인의 금융지식

세계적인 부의 대다수를 차지하고 있는 유대인의 금융 이해도는 우리나라와 대조적으로 세계에서 매우 높은 수준이다. 유대인의 금융교육은 가정에서부터 시작하는데, 유대인 부모는 자녀의 인지능력이 형성되는 순간부터 용돈을 주고 저축하며 돈을 관리하는 습관을 길러주며, 부모가 어떤 과정을 통해 돈을 벌고 이를 가정에서 어떻게 사용하는지 자녀들에게 교육한다. 이 과정에서 부모는 자녀에게 올바른 지식을 알려주기 위해 금융을 공부하고 실천하기 위해 노력하게 되며, 자녀는 자연스럽게 금융에 대해 학습하면서 돈에 대한 가치관을 형성하고 합리적인 소비 습관을 형성한다. 유대인이 세계의 막대한 부를 차지하고 경제적으로 부유하게 살아가는 비중이 높은 이유는 태어나면서 배운 금융교육이 밑바탕이 되어 만들어진 성취 중 하나인 것이다.

돈과 행복의 상관관계

미국 버팔로대학교와 하버드 비즈니스 스쿨 연구팀에서 조사한 연구에 따르면 돈과 행복은 어느 정도의 상관관계가 존재한다고 한다. 돈이 많을수록 더 많은 행복을 느낄 수 있다는 것이다. 돈은 일정 수준까지 행복과 정비례하는 모습을 보이며, 일정 수준에 도달하게 되면 돈이 행복에 큰 영향을 미치지 않는다는 연구 결과를 보여준다고 한다. 하지만 경제적인 여유가 충분한 상황이라고 한다면, 우리는 이제 이 연구 결과를 알기에 더 큰 행복을 누릴 수 있다. 의도적으로 더욱 가치 있는 경험에 돈을 소비함으로써 더 큰 삶의 만족과 행복을 추구할 수 있기 때문이다.

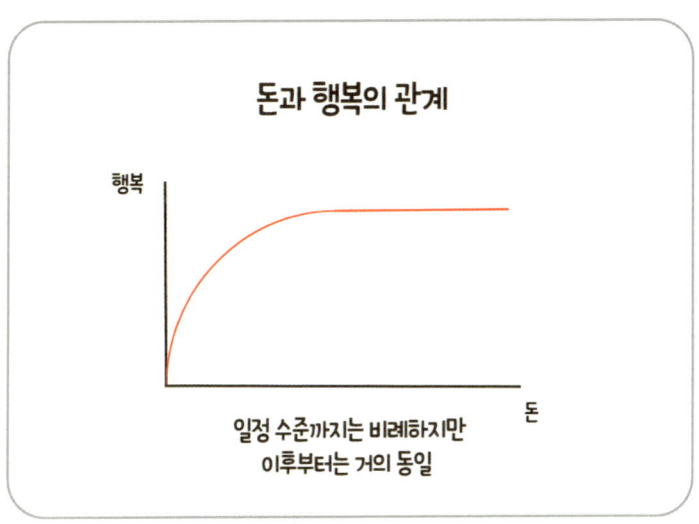

　돈은 우리 모두가 윤택한 삶을 살아가기 위해 필수적으로 갖추어야 하는 자산이다. 우리가 살아가는 데 필요한 모든 자산은 돈을 통해 거래되며, 거래에 사용되는 돈을 벌기 위해 우리는 각자 자신의 시간과 노동을 대가로 수입을 얻는다. 즉 우리는 돈을 벌고 소비하는 순환 속에서 살아가며, 그 과정에서 느끼는 개인의 생각과 감정은 삶의 질과 행복을 결정짓는다.

돈에 대한 인식

　돈을 많이 벌고 싶다면, 돈에 대한 인식을 올바르게 정립하는 것부터 시작해야 한다. 돈에 대한 가치관을 설정하지 않고 돈만을 좇는 행위는 돈을 많이 벌더라도 행복을 느끼지 못하게 만들기 때문이다. 때로는 부정한 방법으로 돈을 버는 과정을 정당화하기도 하고 때로는 돈을 모든 가치의 우선으로 삼는 물질만능주의로 드러나기도 한다.

 돈은 가치 중립적이다. '돈' 그 자체로서는 의미가 없기 때문이다. 우리는 돈을 통해 재화와 서비스를 구매하기에 결국 돈의 가치는 돈을 사용하는 주체가 어떠한 목적으로, 어떠한 상품을 구매하느냐에 따라 결정되는 것이다.

 당신에게 돈이 어떠한 의미를 지니고 있는지 생각해보자. 돈에 대한 사람들의 인식은 다양하지만 돈이 삶에 있어 필요한 자원이라는 사실은 모두가 공통으로 인정하고 있는 현실이다. 하지만 혹시 당신이 돈을 지나치게 긍정적 또는 부정적으로 바라보는 태도와 자세를 가지고 있다면 돈을 모으고 부자가 될 가능성은 낮다. 돈의 가치를 왜곡해서 인식하고 있기 때문이다. 돈은 결국 이를 사용하는 주체에 따라 달라지므로 어떻게 더욱 가치 있는 곳에 돈을 활용할 수 있을지를 고민해야 하며, 가치가 곧 돈이라는 속성을 이해함으로써 더 큰 가치를 만들고 판단할 수 있는 능력을 갖출 수 있다. 즉, 더 많은 돈을 모을 수 있는 능력을 갖추게 되는 것이다.

경제적 자유

=

개인의 능력

≠

행운

chapter 2

경제적 자유를 얻기 위해 꼭 알아야 하는 금융지식

경제적 자유를 얻기 위해
꼭 알아야 하는 금융지식

자본주의의 영향

우리는 자본주의 세상에서 살고 있다. 우리는 살아가기 위한 옷, 음식, 집, 이동수단 등 모든 자원에 돈을 지불하며 살아간다. 그리고 이에 필요한 돈을 벌기 위해 생산 활동을 한다. 우리가 돈을 벌고, 모으고, 쓰는 과정 속에서 돈은 다시 순환하며 개인이 사용한 돈은 생산 활동에 영향을 주고 다른 사람의 생산 활동과 수입, 지출에 영향을 준다. 이처럼 우리는 돈을 매개체로 하여 서로가 서로에게 영향을 미치는 자본주의 속에서 살고 있다.

국가, 회사와 가정이 굴러가는 매개체는 거래이며, 그 원천은 돈이다. 과거 원시사회에서조차 물물교환을 통해 필요한 물품을 얻었다. 물물교환을 하다 보니 매번 물건을 들고 다니는 것이 불편하기에 휴대가 상대적으로 간편하고 거래 빈도가 높으며 대중적으로 수용될 수 있는 조개껍데기, 가죽 등의 자연화폐가 자연스럽게 발생하게 되었고 시간이 흐르며 자연화폐는 휴대성과 가치를 만족하는 금속화폐로 발전하였으며, 기술의 발전을 바탕으로 종이, 수표 등 현재의 신용화폐까지 도달하게 되었다.

우리가 자본주의 사회에서 살고 있다는 사실은 돈의 영향력에서 벗어날 수 없다는 것을 의미한다. 성인이 되고 직장을 얻어 부모님의 품에서 벗어나 경제적으로 자립을 하는 시기가 되면, 우리는 생존을 위해 돈을 벌기 위한 생산 활동에 전념한다. 벌어들이는 수익은 생활비와 미래를 위한 저축, 자산 증식을 위한 소비와 투자의 형태로 쓰임새가 결정되며 쓰이는 돈은 다시 시장 속에서 순환한다.

우리는 은퇴하기까지 몇십 년의 시간을 경제활동을 하며 살아가며, 은퇴 이후에도 경제활동은 계속된다. 돈을 벌고, 모으고, 쓰는 생활을 반복하면서, 시간이 흐르고 나이가 들어감에 따라 자연스럽게 이루어지는 공부, 취업, 결혼, 육아, 노후 등 자연스럽게 연결되는 삶의 사건들로부터 경제적으로 해결해야 하는 과제를 지속해서 마주하며, 예상되는 미래의 소비를 대비하기 위해 자산을 형성하고 소비하면서 살아간다.

우리가 돈을 모으는 목적은 결국 돈을 쓰기 위함이다. 우리는 통상적으로 무언가를 사기 위해, 미래에 예상되는 돈을 지출하기 위해 목적자금을 설정하고 저축을 하며, 사업의 실패, 건강상의 이유, 불의의 사고와 같이 예측할 수 없는 경제적인 위험을 대비한다. 목적 없이 돈을 모으는 것 자체에만 초점이 맞춰진 저축은 자산의 효용성을 줄여 오히려 돈을 제대로 활용하지 못해 삶의 질을 높이지 못하는 상황을 연출하므로, 저축의 의미와 목적을 확실하게 정립해야만 돈을 효율적으로 모으고 이를 제대로 활용할 수 있다는 사실을 알고 있어야 한다.

대부분의 사람들은 시간과 노동을 투입하여 수익을 창출하는 근로소득을 얻는다. 하지만 근로소득에는 중요한 함정이 숨어있다. 나의 시간과 노동이 투입되지 않으면 수익이 단절된다는 사실이다. 이러한 점은 개인이 경제활동을 영위하며 살아가기 위해 반드시 일을 해야만 하는 상황을 야기하며, 일하기 위한 신체적 조건이 약화되는 노년이 되면 곧 수익이 급격하게 감소 또는 단절되는 결과를 초래한다. 이러한 문제로 인해 개인은 경제활동을 하는 기간 동안 '노후'라는 미래의 경제적 과제를 반드시 준비해야만 한다.

돈은 중요하다. 자본주의 속에서 평생을 살아가며 그 영향력에서 벗어날 수 있는 사람이 아니라면 이 부분은 인정해야만 한다. 돈이 중요하다는 사실을 인정하면, 평생 돈을 벌고, 모으고, 쓰며 금융 활동을 하는 우리는 돈의 속성에 대해 그리고 돈을 관리하는 방법에 대해 공부하고 이를 자신의 것으로 만들어 평생 활용해야

할 필요성을 인식하게 된다.

 돈을 버는 것, 모으는 것, 불리는 것, 쓰는 것은 모두 독립적인 영역이다. 돈을 많이 번다고 해서, 돈을 잘 모으기만 한다고 해서 부자가 되는 것도 아니며, 돈을 많이 쓴다고 해서 부자가 될 수 없는 것도 아니다. 결국 돈을 벌고, 모으고 쓰는 것은 금융지식을 바탕으로 한 관리의 영역이며, 부를 쌓기 위해서는 돈의 속성에 대해 이해하고 이를 잘 활용할 수 있는 방법을 알아야 한다.

 경제적인 부는 삶의 안정을 가져온다. 삶의 안정은 더 나은 성취와 성과를 창출하는 토대가 되며, 삶의 선순환을 이끌어낸다. 돈이 곧 행복은 아니지만, 돈이 있으면 더욱 행복한 삶을 살 수 있는 여건이 마련된다는 것은 부정할 수 없다. 더 나은 삶, 행복한 삶을 살고 싶다면 금융지식을 통해 합리적인 금융 활동을 이어나가야 할 것이다.

재테크가 필요한 현실

현대인들은 추가적인 수익 또는 재테크를 하지 않으면 개인의 재무목표를 달성하는 것이 매우 어려운 상황에 직면하고 있다. 일반적인 사람들의 인생 경제 흐름이 어떻게 되는지 살펴보자.

A 씨는 초등학교, 중학교, 고등학교를 마치고 치열한 입시경쟁을 통해 대학교에 들어간다. 대학교 등록금이 필요해 학자금 대출을 받고 생활비를 마련하고자 각종 아르바이트로 돈을 벌고 생활비로 지출한다. 취업을 위해 스펙을 쌓는 과정에서 해외 연수를 가거나, 학원 또는 온라인 강의를 통해 점수를 높이고, 자격증을 취득하는 과정에서 다시 또 비용이 발생한다. 노력 끝에 결국 취업에 성공한 A 씨는 경제적으로 독립하기 시작하면서 월세 또는 전세자금 대출을 받아 집을 구하고 자유로운 출퇴근을 위해 대출받아 할부로 자동차를 구매한다. 열심히 돈을 모아 학자금 대출과 자동차 할부 금액을 모두 상환할 때가 되면, 평생을 함께할 배우자를 만나 결혼한다. 결혼하는 과정에서 부모님에게 지원을 받거나 담보 대출 및 신용대출을 통해 집을 구매하고 가구 및 전자

제품, 생활용품을 구매한다. 이쁜 자녀를 낳아 키우고 대출 이자와 원금을 상환하며 직장생활을 하지만 월급은 크게 오르지 않고, 물가는 오르고, 자녀는 성장하면서 지출되는 비용은 계속해서 늘어만 간다. 퇴직 시기가 다가오면 퇴직금을 바탕으로 대출금액을 상환하고 여유가 있다면 남은 금액을 바탕으로 장사를 하거나 저축을 하고, 퇴직 이후에 구할 수 있는 직장을 얻어 생활비를 마련한다. 건강상의 문제로 더 이상 일을 하기 어려운 상황이 되어 은퇴를 하게 되면, 그동안 저축한 금액을 생활비로 사용하고 저축한 금액이 없다면, 집을 팔거나 주택연금으로 전환하여 연금을 받으며 노후를 살아간다.

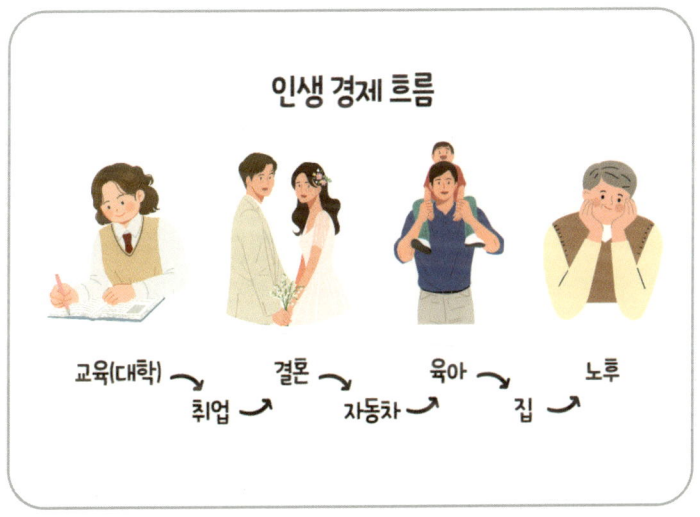

위에서 설명한 인생 경제 순환은 현대인들이 삶을 살아가면서 마주하고 있는 평범한 삶의 모습이다. 평생 대출 이자와 원금을 상환하며, 직장 내 스트레스, 직장의 불안정성과 함께하고 생활비를 마련하기 위해 늦은 나이까지 계속해서 일을 해야만 한다. 그렇다 보니 앞에서 설명한 '평범한 삶'조차도 평범하지 않은 삶이 되어 이를 목표로 하는 사람들도 많아지게 되었다. 경제활동을 하더라도 월급이 높은 회사가 아니라면 앞에서 말한 순환 속의 재무 목표 하나를 달성하는 것조차 매우 어려워져 이 중 무언가를 포기해야 하는 상황이 발생하는 것이다.

예를 들어 결혼적령기에 있는 30대 남녀가 결혼을 하기 위해서는 함께 살 수 있는 집이 마련되어야 한다. 각종 뉴스에서 발표하는 자료, 지역별 시세를 찾아보면 서울의 평균 아파트 가격은 보통 5억 이상이다. 경제활동을 시작한 지 5년~10년 정도밖에 안 된 남녀가 합쳐서 이 정도의 돈을 모을만한 직장이 얼마나 있겠는가? 특히나 요즘은 취업 시기도 계속해서 늦어지는 상황이다. 그렇다 보니 계속해서 결혼은 늦어지고, 비혼주의가 늘어나고, 맞벌이가 필수가 되고, 자녀를 낳지 않거나 한 명만이라도 잘 키우자는 인식이 확산되기 시작했다.

취업 시장 또한 불안정한 상황 속에서 안정적인 직장인 공무원에 사람이 몰리고, 안정적이지만 월급이 낮다는 이유로 어렵게 공부해서 들어간 직장을 뛰쳐나오는 상황도 적지 않다. 또 누군가는 경제적인 여유가 없어 연애조차도 시작할 엄두를 내지 못하기도 한다.

금융지식과 재테크는 이러한 현상을 직접적으로 해결해줄 수 있는 해결책은 아니다. 하지만 올바른 금융지식을 바탕으로 이를 실천한다면 좀 더 효율적인 금융 생활을 통해 경제적인 문제를 좀 더 심각하지 않은 문제로 만들어줄 수 있다.

현실인식

우리 삶에서 기본적으로 필요한 경제적인 목표를 달성하기 위한 금액이 얼마 정도 되는지 대략 계산해보면 이를 더욱 현실적으로 인식할 수 있다.

생활비 등 다른 활동을 제외한 필수적인 경제적 목표를 기준으로만 계산하더라도 최소 10억 7천만 원 이상의 돈이 필요하며, 대략 30년의 경제활동 기간을 기준으로 계산하더라도 최소한 월 300만 원의 꾸준한 저축이 필요하다. 하지만 생활비, 취미활동, 연애, 여가생활, 대출 이자 상환 등의 비용이 포함된다면 필요한 금액은 더욱 많아질 것이며, 이를 충족시킬 수 있는 수준 이상의 자산을 형성하지 못한다면 이 중 어떠한 재무목표는 반드시 수정하거나 포기해야만 하는 상황이 발생할 것이다. 연애 또는 결혼을 포기하거나, 자녀를 포기하거나, 더 작은 집으로 목표를 수정하는 상황 등이다.

이 문제를 해결하기 위해서는 추가적인 수입 또는 투자가 필수가 된다. 추가적인 자산 형성을 위해 한 사람이 여러 직업을 가지고 일하는 N잡이 자연스러워지고, 더 많은 월급을 받을 수 있는 회사로의 이직 시장이 활성화되고, 정해진 은퇴 나이가 없는 전문직이 성행하고, 주식과 부동산, 코인과 같은 재테크를 통한 투자에 열광하게 되는 것이다.

이러한 상황 속에서 금융지식과 재테크는 돈을 더욱 효율적으로 활용할 수 있도록 도와줌으로써 합리적인 금융 생활과 경제적 목표를 달성할 수 있도록 도와주는 역할을 한다.

연금과 노후대비

앞에서 언급한 인생 경제 순환 속 다양한 경제적 목표 중에서 대부분의 목표는 최악의 경우 포기할 수도 있다. 하지만 포기할 수 없는 목표가 하나 있다. 바로 '노후'다. 우리 모두는 언젠가 노인이 되고 건강과 생명이 허락할 때까지는 삶을 살아가게 될 것이기 때문이다.

노후는 개개인이 아니라 전 국민이 당면한 문제이므로 국가에서 이를 대비하기 위해 여러 복지제도를 운영하고 있다. 대표적인 것이 우리가 일반적으로 알고 있는 사회보험이다. 간단하게 먼저 우리나라의 연금 제도에 대해서 먼저 알아보자.

우리나라에서 연금 제도는 크게 1차~3차 연금으로 분류된다.

1차 연금에 해당하는 국민연금은 정부가 직접 운영하는 공적 연금 제도로 경제활동을 하는 국민의 기본 생활 유지를 위한 목적으로 운용되며 최소 10년 이상 가입이 유지되고 55세 이상인 경우에 수령이 가능하다. 그리고 공무원, 군인 및 사립학교 교직원은 국민연금이 아닌 각자 연금법에 의해 운영되는 자금으로 1차 연금을 대체한다.

2차 연금에 해당되는 퇴직연금은 근로자의 노후 생활 보장을 위해 회사에서 근로자를 위해 일정 급여를 적립하여 퇴직 시 일시금 또는 연금으로 지급하는 제도다. 2차 연금은 우리가 일반적으로 알고 있는 퇴직금으로 이를 운용 및 수령하는 방식이 다양해져 개인의 선택권이 강화되었다. 3차 연금은 개인의 노후자금을 마련하기 위한 금융사의 금융상품으로 은행, 보험사, 증권사 등에서 개인이 직접 가입함으로써 개인이 준비하는 연금이다.

여기서 당신은 국가에서 운영하는 복지 차원의 제도들을 통해 노후를 충분히 보장받을 수 있을지에 대한 의문을 가져봐야 한다. 국민연금은 가입자가 낸 금액을 바탕으로 운영되지만 2018년도 국민연금 재정추계위원회에서 발표한 자료에서는 2057년에 국민연금 기금이 고갈될 것으로 예측하고 있기 때문이다, 이를 해소하기 위해서는 제도운영을 위해 비용을 납부하는 인구가 늘어나야 하지만, 급격한 고령화로 인해 수급자는 많아지고 납부 인원은 줄어들 것으로 예상되니, 추후의 연금 지급을 위해 연금을 받는 연령은 높아지고, 가입 보험료는 높아지고, 실질적으로 받는 연금액은 낮아지는 상황에 직면할 것을 예상할 수 있다. 또한 OECD에서 발표한 자료에 따르면 근로 인구 100명당 부양해야 하는 노인의 수는 2015년도 기준 19명에서 2050년 72명으로 증가한다고 한다. 즉 경제활동을 하는 인구 한 명이 부담해야 하는 복지비용이 3.5배 이상 증가하는 셈이다.

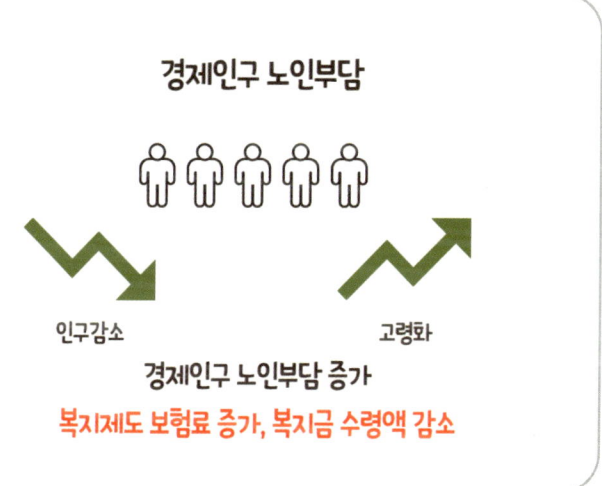

이러한 예상 속에서 혁신적인 경제, 인구, 기술의 변화가 발생하지 않는다면 노인이 되었을 때 국가에서 제공하는 복지에 완전히 의존하는 것도 한계가 있다. 결국 나의 노후는 내가 직접 준비해야 한다는 것이다.

사회보험의 종류

먼저 당신은 당신이 속해있는 대한민국에서 제공하는 사회보험에 대해 알아두어야 한다. 실제 보험료를 납입하고 혜택을 받는 국민으로서 그 개념을 알아두어야 제대로 혜택을 누릴 수 있기 때문이다. 또한 사회보험은 경제활동의 기반이 되는 제도이기에 세부적인 내용까지 모두 알 필요는 없더라도 어떠한 취지와 내용을 포함하고 있는지에 대해 기본적인 상식을 갖추고 있어야 한다.

흔히 4대 보험이라고 불리는 사회보험은 국민이 미래에 직면할 수 있는 사회적 위험에 대비하여 국민의 건강과 생활 보전을 목적으로 보험 방식에 의해 준비하는 제도를 의미한다. 사회보험은 국민 복지를 실현하기 위한 목적으로 운영되기에 강제성을 띠고 있다는 특징이 있다. 사회보험의 종류에 대해서 알아보자.

① 국민연금

국가가 직접 운영하는 공적 연금으로 국민이 소득 활동을 할 때 납입하는 보험료를 바탕으로 갑작스러운 사고나 질병으로 소득 활동이 중단되거나 나이가 들었을 때 연금을 지급함으로써 기본 생활을 유지할 수 있도록 하는 제도다. 국민연금의 보험료는 개인 소득에 따라 결정되며, 사업장 가입자의 경우 사용자가 보험료의 절반을 부담한다. 연금 급여의 종류는 납입한 기간과 보험료, 수령 나이에 따라 달라지는 노령연금, 질병 및 부상으로 받는 장애등급에 따라 차등 지급되는 장애연금, 연금 수급권자가 사망한 때 유족이 받는 유족연금, 연금이 수급 조건에 해당되지 않을 때 돌려받을 수 있는 반환일시금이 있다. 소득이 있는 만 18세 이상 60세 미만의 국민이라면 의무가입대상이며, 대상자가 아니라도 본인 희망에 따라 가입이 가능하다. 수익이 없는 경우에는 납부 유예를 신청할 수 있다.

② 국민건강보험

질병이나 부상으로 인한 고액의 진료비 부담을 덜어주기 위해 국민이 보험료로 내는 금액을 재원으로 활용하여 필요시에 급여를 지급하는 사회보장제도다. 국민건강보험은 직장가입자와 지역가입자로 적용대상을 구분하며, 직장가입자는 사업장의 사용자 및 근로자, 공무원 및 교직원, 대상자의 피부양자로 구성된다. 그리고 지역가입자는 직장가입자를 제외한 자를 대상으로 한다. 가입자는 건강보험을 통해 병원에서 받는 여러 진료와 치료 비용의 일부만 부담하므로 의료비용 부담을 크게 낮출 수 있다.

③ 고용보험

근로자가 실직한 경우에 생활 안정을 목적으로 운영되는 보험이다. 납입된 보험료 재원을 바탕으로 구직급여 지급 및 고용안정사업, 직업능력개발사업 등을 실시한다. 고용보험료는 근로자 개인과 사용자가 나누어 분담하며, 사용자는 사업 규모에 따라 추가적인 보험료를 납입하기도 한다. 고용보험 대상자는 구직급여 및 능력개발 교육 등을 통해 새로운 직장을 구하기까지 경제적 비용 및 시간을 충당할 수 있다.

④ 산재보험

산업 재해로 인한 근로자를 보호하기 위한 목적으로 만들어진 보험제도다. 사용자가 근로자에 대한 보험료를 납입하고 그 재원을 바탕으로 근로자의 업무상 재해로 인해 발생하는 손해를 보장한다. 산재보험의 종류로는 부상으로 인한 치료비를 보상하는 요양급여, 요양기간 동안 휴직 손해를 보장하는 휴업급여, 간병인 지원을 받는 경우 지급하는 간병급여, 사고 또는 부상으로 장해가 남은 경우에 지급하는 장해급여, 근로자가 사망한 경우 남겨진 유족에게 지급하는 유족급여 및 장의비 등이 있다. 가입자는 산재보험을 통해 업무상 행위로 인해 발생한 사고에 대한 경제적인 위험을 보장받을 수 있다.

4대 보험 정리

구분	내 용
국민연금	소득 활동을 할 때 납입하는 보험료를 바탕으로 사고나, 질병 또는 나이가 들었을 때 연금을 지급
건강보험	질병이나 부상으로 인한 고액의 진료비 부담을 덜어주기 위해 국민이 내는 금액을 재원으로 급여를 지급
고용보험	근로자가 실직한 경우 생활 안정을 목적으로 능력개발 교육지원 및 구직급여 지급
산재보험	근로자를 보호하기 위한 목적으로 업무상 재해로 인해 발생하는 손해를 보장

재테크란 무엇인가

과거 은행에 저축만 해도 이자를 10% 이상 주던 시절이 있었다. 그 당시 최고의 투자는 곧 은행에 저축을 하는 것이었다. 당시는 부동산, 주식, 펀드, 금 등 재테크에 대한 개념이 제대로 자리 잡지 못한 상황이었으며, 은행에 저축만 해도 높은 이자를 받을 수 있다 보니 저축은 자산을 모으는 것과 동시에 불릴 수 있는 최고의 투자 방법이었다. 하지만 '한강의 기적'이라 불리는 눈부신 경제성장과 산업발전을 통해 우리나라도 선진국 반열에 진입함에 따라 자연스럽게 점차 낮아지는 금리와 증가하는 세율을 마주하게 되었고 금융지식과 재테크의 중요성이 강조되기 시작했다.

경제가 성장할수록 금리가 낮아지고 세금이 증가하는 것은 자연스러운 현상이다. 금리가 낮아지는 현상은 국가 경제가 발전하면서 높은 금리를 통한 해외에서의 통화 유입보다, 낮은 금리에서 야기되는 내수 소비의 증대와 경제 활성화가 성장에 더 큰 이득을 주기 때문이며, 세금이 점차 높아지는 현상은 자본주의로 인해 야기되는 양극화 현상 속에서 세금으로 부를 재분배하고 빈곤층에 대한 구제를 통해 생산성을 향상시키고 소비를 증대시키는 것이 국가 경제에 더 큰 경제적 이득을 주기 때문이다.

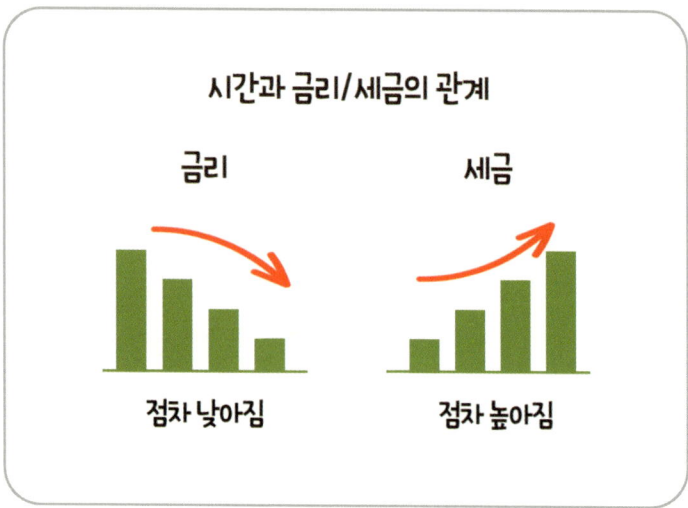

　실제로 2020년도에는 대한민국 최초로 0%대의 금리에 진입했으며, 지속적인 세법개정에 따른 세율의 증가, 공시지가의 상승 등의 제도적 변경을 통해 국가는 세금을 증대시키고 국민의 세금 부담은 늘어나고 있는 상황이다. 무조건적인 금리 인하와 세금의 인상이 경제에 긍정적인 영향을 미치는 것은 아니며, 경제 순환은 수많은 변수와 요인이 복합적으로 작용하기에 국가 경제 상황과 재정적 여건에 맞추어 자연스럽게 변동되는 것이 바람직하다.

　재테크는 재산을 나타내는 '재(財)'와 '기술(Technic)'이 결합된 단어로서 재산을 관리하는 기술을 뜻한다. 보통 재테크라고 하면 돈을 투자해서 불리는 것만을 생각하는 경우가 많지만, 돈을 관리하는 법을 배운다는 것은 돈을 벌고, 모으고, 불리고, 쓰고 지키는 종합적인 방법을 배우고 실천한다는 것을 의미한다. 저축만 해도 이자가 충분했던 시절에서 금리보다 물가상승률이 더 높아지는 시기에 진입하면서 과거와 다르게 성실하게 은행에 저축하면 실질적으로 손해를 보는 상황에 마주하게 된 사람들은 최소한 물가상승률 이상의 저축, 투자 방법을 찾기 위해 고군분투하게 되었고 이 과정에서 점차 재테크의 중요성이 강조되기 시작했다.

재테크의 '재'와 '테크'를 쪼개 그 의미를 생각해보면 재테크의 원천이 되는 '재'는 돈을 벌고 모으는 과정에서 노력과 시간이 소요되며, 마찬가지로 '기술'을 배우는 것 또한 노력과 시간이 필요한 항목이다.

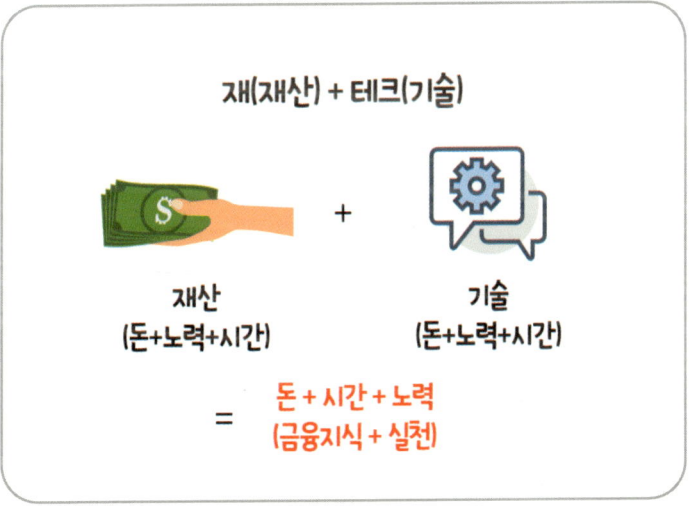

이해를 돕기 위해 간단하게 정리한 수식을 보면, 결과적으로 재테크는 돈과 시간이 필요하며, 열심히 노력하고 연마해야 하는 전문 기술이다. 그리고 여기서 나타내는 노력은 금융지식과 실천이다. 지속적인 경제 과제에 놓여있는 현대인들에게 돈의 관리에 대한 올바른 금융지식을 바탕으로 실천하는 노력이 필요하다는 것이다.

하지만 대부분의 사람들은 재테크의 중요성에 대해 인식하면서도 공부를 별로 하지 않는다. 주식을 거래하면서도 해당 기업에 대한 기본적인 실적조차 확인하지 않는 경우가 부지기수이며, 오를 것이라는 주변의 소문과 기사를 근거로 매입을 결심한다. 그리고 매도는 특정한 기준 없이 개인의 심리적인 상태를 바탕으로 이루어진다. 주식을 매입한다면, 소문과 기사를 통해 얻는 정보는 이미 기능을 상실했거나 특정한 목적을 가지고 의도적으로 전달된 경우가 대부분이기에, 그 가치와 신뢰성을 따지는 과정이 필요하지만, 이를 제대로 살피지 않으니 재테크라고 불리는 여러 투자 방법은 어느새 노력과 실천의 요소가 아닌 행운을 바라고 이루어지는 도박과 비슷해지기도 한다. 심지어 위와 같은 방식으로 투자를 하면서 수익이 난 경우에는 이를 실력으로 포장하고, 손해가 난 경우 이를 운이 없었다고 생각한다. 이런 사고와 태도는 투자하는 기간이 길어질수록, 이득보다는 손해가 더 많이 발생하게 만드는 주요 요인이다.

실제로 수많은 경제적, 사회적 변수와 심리적 요인에 따라 요동치는 투자시장 속에서 정확한 단기 예측을 하는 것은 어렵고 불가능하다. 하지만 경제의 흐름과 순환을 읽을 수 있게 되면 수익과 손해 가능성을 다방면으로 검토하고 좀 더 안정적인 투자 생활을 영위할 수 있다. 물론 투자는 손실의 가능성을 내포하기에 여러 노력에도 불구하고 손해가 발생할 수 있다. 하지만 올바른 금융지식을 실천한다면, 개인의 삶이 망가지지 않고 감당할 수 있는 수준에서 손해가 발생하며, 손해에 대한 인식 또한 단순히 운이 없었던 것이 아니라 시행착오이자 교훈을 얻을 수 있는 배움이 된다.

재테크의 의미는 일반적으로 일정한 금액을 통해 더 많은 수익을 목표로 하는 투자의 개념으로 활용되지만, 사실 재테크는 단순 투자뿐만 아니라 부가적인 수입, 합리적인 지출, 리스크 관리 등을 포함하는 포괄적인 돈의 관리 개념이다. 가계부를 쓰고, 가격을 비교해서 합리적으로 소비하고, 적금 상품에 가입할 때 좀 더 이율이 높은 상품에 가입하고, 낮은 이율로 대출을 받기 위해 신용관리를 하고, 보험에 잘 가입하고, 청약통장을 잘 이용하는 등 경제, 재무적인 부분과 관련된 모든 활동이 재테크인 것이다. 이제부터 다루게 될 올바른 금융지식을 학습하고 실천한다면, 당신은 개인의 재무목표에 한 발자국 더 다가갈 것이며, 더욱 윤택한 경제생활을 영위할 수 있게 될 것이다.

재테크는 현금흐름을
관리하는 것으로부터 시작한다.

chapter 3

재테크의 시작

chapter 3

재테크의 시작

재무목표 세우기

재테크의 시작은 재무목표를 세우는 것에서부터 시작한다. 재무목표는 합리적인 금융 생활을 실천하고 유지하는 동기가 되기 때문이다. 올바른 금융 습관을 형성하는 것은 상당한 의지와 노력, 시간이 요구되므로 당신은 자신이 원하는 재무목표를 설정하고 이에 구체적으로 필요한 금액을 먼저 설정해야 할 필요가 있다. 예를 들어 '결혼자금 마련'이라는 목표가 있다면 어느 정도의 금액이 필요한지 예상해보고, 지금까지 모은 자금을 통해 추가로 모아야 하는 자금을 스스로 인식함으로써 좀 더 합리적으로 금융 생활을 하게 된다.

재무목표를 설정하는 방법은 먼저 우리 삶에서 발생할 수 있는 큰 목표에서부터 시작한다. 결혼, 집, 양육, 노후 등 삶에서 본인이 영위하고 싶은 생활을 생각함으로써 이에 필요한 경제적인 비용을 대략 계산해보는 것이다. 서울에 집을 사고 싶다면 현재 시세를 바탕으로 담보 대출, 부모님의 지원 등을 고려하여 필요한 금액을 예상하고, 특정한 자동차를 타고 싶다면 이에 필요한 금액을 더하는 방식으로 총 필요한 준비자금을 구한다. 이 과정에서는 자신의 인생에 있어서 더욱 중요한 목표에 우선순위를 설정하고 필요한 금액을 설정해야 한다.

재무적인 목표가 설정되면 다음 단계는 필요한 자금에 따라 현재 및 예측할 수 있는 현금흐름을 바탕으로 자신의 상황에 맞게 수정하는 것이다. 자신의 수입과 지출을 바탕으로 볼 때 너무나도 터무니없는 목표라면 이를 조금 더 현실적으로 만드는 것이다. 계획과 현실의 차이가 너무 크면 이를 달성하기 위한 과정에 어려움이 있기 때문이다. 예를 들어 30억 단독 주택에서 살고 싶다고 해서 30억을 목표로 돈을 모으는 것이 아니라, 현실적으로 가능한 전세 또는 매매자금으로 수정해야 30억을 만들기 위한 투자목표 수익률도 계산이 가능해지는 것이다. 목표와 현실의 차이가 큰 상황에서 목표를 조정하지 않거나 현실의 상황에 변화를 주지 않는다면 목표 달성은 뒤로한 채 평생 돈만 모아야 하는 상황이 생긴다.

다음으로는 현재 상황에 맞추어 조정된 재무목표를 바탕으로 자신의 삶에서 수입을 증가시키고 지출을 감소시킬 수 있는 방법을 고민해봐야 한다. 직장인이라면 추가적으로 돈을 벌기 위해 추가 수당을 받을 수 있는 방법을 찾거나 다른 소득원을 찾기 위해 노력하는 것, 평소 소비 습관을 분석하여 불필요하게 빠져나가는 금액이 있는지를 확인하고 줄여나가는 것이다.

현금흐름 파악하기

재무목표를 설정했다면, 다음으로 당신에게 필요한 것은 현금흐름을 파악하는 것이다. 현금흐름을 파악해야 수입과 지출, 저축과 투자, 대출 등에 자산이 어떻게 분배되고 있는지 알고 재무목표를 달성하기 위한 구체적인 방법을 설정할 수 있기 때문이다.

당신은 현금흐름을 파악하고 분석함으로써 소득, 지출, 생활비, 금융자산, 보유자산, 부채, 목적자금 등을 세부적으로 확인할 수 있다. 이렇게 각 항목을 세부적으로 확인하면 스스로 제대로 파악하고 있지 못했던 현금흐름을 인식하는 것이 가능하다. 또한 지출 중에서 통제가 가능한 항목, 불필요하게 빠져나가는 항목이 있다면 이를 저축과 투자로 전환하는 것도 가능해진다.

대부분의 사람들은 살면서 자신의 현금흐름을 제대로 검토할 기회가 거의 없기 때문에 현금흐름을 확인해보는 것만으로도 도움이 된다. 그리고 이를 분석하면 스스로의 금융 습관과 소비 성향 등을 알고 앞으로 돈을 어떻게 관리해야 할지 방향성을 설정할 수 있다.

현금흐름 분석 시 확인사항

**소득, 지출(고정/변동), 자산, 부채
투자, 저축, 보험, 연금, 자금 운용 등**

소비 줄이기

불필요한 소비를 줄이는 것은 재테크를 시작하는 가장 기초 단계에 해당한다. 불필요하게 빠져나가는 소비를 저축과 투자로 전환함으로써 현금흐름 구조를 더욱 효율적으로 구성할 수 있기 때문이다. 현금흐름을 파악하면, 현재 자신의 소비 금액을 파악하고 어떤 내용으로 돈이 빠져나가는지를 확인하여 이를 줄일 수 있는 수단과 방법을 찾을 수 있다.

불필요한 소비는 주로 무분별한 소비 습관에서 비롯된다. 재테크를 하는 것은 결국 삶의 경제적 목표를 달성하고 소비하기 위함이다. 따라서 소비가 필요한 항목이라면 당연히 소비가 이루어져야 하지만, 목표와 관계없는 소비는 합리적인 금융 생활에 악영향을 미친다는 사실을 알고 있어야 한다. 술자리, 소액결제, 커피, 디저트, 택시, 쇼핑 등과 같이 우리가 소비하는 이유는 다양하고 그 안에는 지출을 줄이더라도 삶의 질에 큰 영향을 미치지 않는 항목들도 상당히 많다. 이러한 부분을 줄임으로써 현금흐름을 개선하는 것이 재테크의 시작인 것이다.

돈을 모아가는 과정에서 소비를 통제하는 것이 특히 중요한 이유는 보통 소비를 줄이는 것이 투자로 인한 수익보다 더 큰 효과를 가지고 있기 때문이다. 1천만 원의 금액으로 10%의 수익을 본다면, 수익은 100만 원이다. 이 말은 당신이 한 달에 불필요한 소비를 8만 3천 원 줄이는 것과 같은 효과라는 것이다. 은행에 예금, 적금 상품을 가입할 때에도 조금이라도 더 높은 이율을 적용받기 위해 여러 은행을 비교하지만, 그렇게 비교해서 0.1%~0.2% 더 높은 이율을 적용받는 것보다. 불필요한 소비 한 번을 줄이는 것이 더 큰 경제적 이윤을 가져다준다. 특히 처음 경제활동을 시작하고 목돈을 모으는 입장에 있다면 소비 통제가 다른 어떤 수단보다도 큰 효과를 보인다.

돈을 많이 벌면서도 잘못된 소비 습관으로 빚에 허덕이는 사람들도 있다. 소비 습관은 어느 정도 자산이 형성된 상황에서도 자산을 증식시키고 유지하는 데 중요한 역할을 한다.

※ 가계부 쓰기

불필요한 소비를 줄이고 자신의 소비 패턴을 파악하기 위한 방법으로 가계부를 쓰면 좋다. 수입과 지출을 확인하고 지출을 되돌아보면서 소비 습관을 확인하고 개선하는 데 도움이 되기 때문이다. 또한 가계부를 쓰게 되면 돈을 사용할 때 한 번 더 생각하게 되어 충동적인 소비를 줄일 수 있다. 이렇게 가계부를 쓰는 습관이 반복되면 나중에는 자연스럽게 자신의 소비 패턴과 성향을 파악하고 합리적인 소비 습관이 형성되어 효율적인 소비가 가능하며, 기록으로 남김으로써 수입과 지출의 개념을 더욱 가깝게 느끼고, 부부가 함께 작성하는 경우라면 함께 공동의 목표 달성을 위해 이해하고 노력할 수 있는 계기를 제공한다.

가계부 쓰기

수입/지출 일자, 내용, 장소 등 정리

계좌 구분하기

계좌를 구분하는 것은 흔히 '통장 쪼개기'로 불리며, 현금흐름을 더욱 효율적으로 관리할 수 있는 기본적인 방법 중 하나다. 계좌를 구분하는 것이 유리한 이유는 먼저 현금흐름 관리의 용이성에 있다. 예를 들어 당신이 모든 금융 활동을 하나의 계좌로 쓰고 있다면 어떤 상황이 발생할까? 월급과 수당, 생활비, 대출이자, 신용카드 사용 금액, 통신비 등이 모두 하나의 계좌에서 들어오고 나간다면, 특정 시기에 자신이 얼마나 소비했는지, 얼마나 수입이 들어왔는지 파악할 수 없다. 예를 들어 20일이 되었을 때, 월초부터 지금까지 내가 얼마나 썼는지를 알지 못하게 되는 것이다. 목표 생활비는 보통 자신이 평소 사용하는 지출보다 적게 설정하는 경우가 많은데, 목표를 설정하더라도 현재까지 얼마나 썼는지를 확인할 수 없어 자연스럽게 과소비로 이어진다. 또한 자영업자와 같이 월수입에 차이가 있는 일을 한다면 수입이 더 많은지, 지출이 더 많은지 확인하는 것도 쉽지 않다.

행동심리학에서는 '마음속의 계좌'라는 개념이 존재한다. 같은 돈이라도 심리적으로 다른 이름을 붙여 취급하면 소비를 할 때 기준점이 달라져 실제 소비생활에 변화가 발생한다는 것이다. 마음속으로 '식사 비용은 30만 원!' 이렇게 심리적으로 구분하는 것만으로도 이를 의식하면서 초과하지 않을 수 있도록 노력하게 되는 것이다. "가랑비에 옷 젖는다"는 속담처럼 소소한 지출은 쉽게 생각되고 이러한 금액이 쌓여 결국 큰 금액이 되기에 이를 심리적으로 구분함으로써 좀 더 효율적인 관리가 가능해진다.

 계좌를 구분하는 방법은 다양하지만, 큰 수입과 지출이 이루어지는 월급 계좌, 생활비로 사용하기 위한 생활비 계좌, 혹시 모르는 큰 지출을 대비하기 위한 비상금 계좌로 구분하면 효율적이다. 계좌를 세부적으로 나눌수록 더욱 효율적인 통제가 가능하지만, 이는 반대로 계좌관리를 복잡하게 만들고 실천을 어렵게 만들 수 있기에 스스로 관리할 수 있는 수준에서 구분하는 것이 좋다.

① 월급 계좌

월급 계좌는 매월 발생하는 수입, 적금, 대출 및 이자, 고정지출 등 정기적이고 고정적인 현금흐름이 발생하는 계좌로 활용한다. 고정적으로 빠져나가는 금액이 반영된 계좌이기에 여유 자금을 한눈에 파악할 수 있다는 장점이 있다.

② 생활비 계좌

생활비 계좌는 목표로 하는 생활비와 같이 변동지출을 관리할 수 있는 계좌로 활용한다. 월급 통장에서 목표 생활비를 자동 이체로 설정해놓고 일상생활 속에서 이루어지는 소비를 관리할 수 있다. 생활비가 부족하다면 월급 통장에서 추가 이체를 하고, 남는 경우 비상금 통장으로 이체하면, 이번 달에 목표 대비 어느 정도의 소비가 이루어졌는지를 한눈에 파악할 수 있다는 장점이 있다. 마음속의 계좌 개념과 마찬가지로 생활비 통장에 남은 금액을 확인함으로써 현재까지 이루어진 생활 지출을 쉽게 파악할 수 있으며, 비계획적, 비합리적인 소비에 대해서 한 번 더 생각하고 소비하게 되는 습관을 형성할 수 있다. 이 생활비 계좌는 잔여 한도에 따라 결제가 가능한 체크카드와 연동하여 사용하면 더욱 효율적이다.

신용카드는 소비하는 과정에서 지불하는 돈에 대한 고민과 심리적인 고통을 뒤로 지연시켜 더 많은 소비를 유도하는 효과가 있다. 신용카드는 계획적인 소비생활에 장애물로 작용하고 과소비 습관을 만들 수 있으며 또한 연체된 금액은 신용관리에도 부정적인 영향을 미치기에 신용카드 혜택을 잘 활용할 수 있는 상황이거나 꼭 신용거래가 필요한 상황이 아니라면 체크카드를 활용하는 것이 현금흐름 관리에 더욱 효율적이다.

③ 비상금 계좌

비상금 계좌는 갑작스러운 큰 지출에 대비하여 별도로 구분하여 관리하는 계좌다. 갑작스러운 사고를 대비한 의료비, 수리비, 배상 비용 등과 같이 예측하기 어려운 만약의 상황을 대비해서 가지고 있는 현금을 관리하는 계좌로 매월 생활비의 3배~6배 정도로 설정한다. 특별한 일이 없으면 사용할 일이 없지만 언제 사용할지 모르는 금액이므로 매일 이자가 붙는 증권사의 CMA 계좌를 주로 활용하는데, 증권사 CMA 계좌를 개설하면 주식 및 펀드 등 증권사 상품에 대한 접근성을 높일 수 있다.

계좌 쪼개기는 현금흐름을 통제함으로써 자산을 증식하는 단계인 효율적인 소비 및 투자로 넘어가기 위한 전제조건이다. 현금흐름을 파악하고 통제하지 못하는 사람은 많은 돈을 벌어도 불필요하게 새는 돈이 많아 돈을 모으지 못한다는 사실을 기억하고, 자신의 현금흐름을 되돌아보며 올바른 소비 습관을 갖추기 위해 노력해야 한다. 다음 장에서는 당신의 금융 생활에 가장 기초인 금융사를 활용하는 방법에 대해 알아보자.

당신의 금융 활동은
은행, 증권사, 보험사를 통해 이루어진다.

chapter 4

금융사의 활용

금융사의 활용

1) 은행

은행은 일반 사람들이 가장 보편적으로 활용하고 있는 금융사다. 개인과 기관이 가지고 있는 돈을 직접 보관하고 관리하는 것은 어렵고 비효율적이기에 우리는 은행이라는 기관에 돈을 맡기고 필요할 때 꺼내 쓴다. 은행은 개인과 기관으로부터 신용을 받고 돈을 관리한다. 이는 은행의 가장 대표적인 기능 중 하나인 '수신' 기능이다.

또한 개인과 기관은 은행으로부터 돈을 빌려 자금을 활용하고 빌린 금액과 기간에 따라 이자를 지급한다. 이는 은행의 또 다른 기능인 '대출' 기능이다. 맡은 돈에 대한 이자보다 빌려주는 돈에 대한 이자가 더 높기에 예금과 대출 이자의 차이는 곧 은행의 수익이 되며, 은행은 대출을 통해 시장에 추가적인 자금을 조달하고 이자율을 조정함으로써 시장에 순환하는 자금의 양을 조절한다. 또한 은행은 예금자보호법을 통해 각 금융기관마다 최대 5천만 원까지 보장하므로 돈을 안전하고 효율적으로 관리하기 좋다는 장점이 있다. 은행과 관련된 금융지식과 활용할 수 있는 금융상품에 대해 하나씩 알아보자.

금융권

우리나라에서 금융회사는 편의상 1금융권, 2금융권, 3금융권으로 구분된다. 1금융권은 우리가 일반적으로 알고 있는 은행이며, 2금융권은 저축은행, 새마을금고, 신협, 수협 등 은행법 및 중앙은행의 규제를 받지 않고 자체 규정에 의해 운영하는 금융기관이다. 2금융권은 1금융권에 비해 저축 이자가 높게 형성되고 대출 심사가 상대적으로 쉬운 만큼 대출 이자 또한 높게 형성된다. 3금융권은 대부업체로서 사금융이며, 1, 2금융권에 속하지 않으면서 대출을 하는 기업이다. 그래서 이자가 높게 형성된다.

금융권

구분	내 용
1금융권	은행법의 적용을 받는 금융기업 ex) 예금은행, 지방은행, 외국계은행, 인터넷은행 등
2금융권	은행법의 적용을 받지 않는 금융기업 ex) 금융투자회사, 보험사, 카드사, 저축은행, 협동조합 등
3금융권	1, 2금융권에 해당하지 않는 합법 대부업체

단리와 복리

단리는 원금에 대해 붙는 이자를 말한다. 이자를 계산할 때 원금에 대해서만 이자를 계산하기에 이자가 적용되는 기간에 따라 정해진 이자가 계속해서 붙는 구조를 가지고 있다.

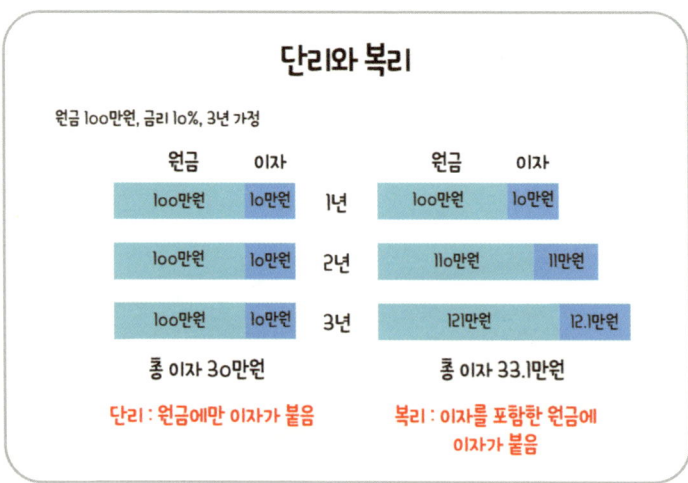

복리는 일정한 기간마다 이자를 원금에 가산한 금액을 다음 기간의 원금으로 계산하는 이자를 말한다. 따라서 이자가 적용되는 기간이 길어질수록 더 많은 이자가 붙는 구조를 가지고 있다.

단리와 복리는 금융상품을 이해하고 활용하는 데 가장 기본이 되는 지식이다. 단리와 복리를 이해하면 금융상품을 판단하고 비교함으로써 최적의 상품을 찾는 것이 가능해진다.

예금/적금

예금과 적금은 많은 사람들에게 친숙하고 가장 많이 활용되는 은행의 대표적인 금융상품이다. 예금은 크게 입출금이 자유로운 예금과 저축성 예금으로 분류되며, 저축성 예금은 거치식 예금과 적금으로 분류된다.

입출금이 자유로운 예금의 가장 큰 장점은 유동성에 있다. 필요할 때 돈을 편하게 넣고 빼는 것이 가능하므로 수시로 돈이 들어오고 나가는 상황에서 현금흐름을 관리하는 것이 편하기 때문이다. 그래서 예금 계좌는 주로 월급 및 생활비, 비상금 계좌로 활용된다.

저축성 예금은 일정한 금액을 일정 기간 동안 은행에 맡기고 이에 대한 이자를 수령하는 상품이다. 저축성 예금은 일정 기간 동안 목돈을 거치하고 만기에 이자를 지급 받는 형태의 예금이 있으며, 일정 기간마다 정해진 금액을 은행에 납입하고 만기에 이자를 지급받는 적금으로 분류된다.

적금은 예금액을 일정 기간마다 나누어 적립하지만, 만기는 동일하기에 각 적립한 금액이 납입한 시기에 따라 이자가 붙는 기간에 차이가 발생한다는 특징이 있다. 예를 들어 1년 만기의 적금 상품이라고 가정할 때 처음 납입한 적금액은 만기까지 이자가 붙지만, 마지막에 납입한 금액은 이자가 한 번만 붙으므로 전체 금액에 붙는 평균 이자는 가입 시 정해진 이자율의 1/2이 된다.

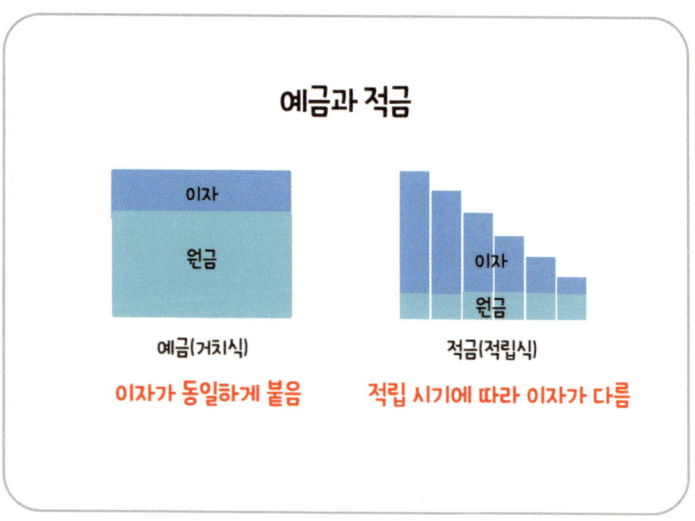

예금의 만기는 일반적으로 3개월~3년으로 설정되며, 은행사에 따라 만기가 더 짧게 형성되는 상품도 존재한다. 그래서 예금자는 자신의 상황에 따라 필요한 만기를 설정함으로써 더욱 효율적인 예금 가입이 가능하다. 만기가 길어지는 경우 유동성이 제한되는 만큼 이자는 높게 형성되기에 당분간 지출이 예정되어 있지 않은 상황이라면 짧은 만기보다는 긴 만기를 설정하는 것이 조금 더 높은 이율을 적용받을 수 있는 방법이 되며, 현금 유동성이 필요한 상황이라면 만기를 짧게 설정해야 중도 해약으로 인해 매우 낮은 이자를 적용받는 상황을 피할 수 있다.

저축성 예금의 이율은 일반적으로 가입 시 정해진 고정 이자가 적용된다. 따라서 한국은행에서 결정하는 기준금리가 높아질 것으로 예상되는 상황이라면 예금이자 또한 함께 높아지므로 만기를 짧게 설정하는 것이 좋으며, 기준금리가 낮아질 것으로 예상되는 상황이라면 만기를 길게 설정하는 것이 유리하다.

대출

대출은 예금/적금 상품과 함께 많은 사람이 활용하는 은행의 대표적인 금융상품이다. 은행에서 돈을 빌리고 여기에 일정한 이자를 덧붙여 은행에 다시 상환함으로써 개인 또는 기관이 더욱 많은 자금을 생산성을 높이는 데 활용할 수 있다는 장점이 있다. 대출은 생활비, 사업자금, 자산마련 등 다양한 목적으로 활용되며, 은행은 대출에서 발생하는 이자를 통해 수익을 얻는다.

대출의 종류는 크게 신용대출과 담보 대출로 분류할 수 있다. 신용대출은 특정한 담보 없이 대상자의 신용, 즉 기존 거래내역 및 신용등급, 직장의 안정성 등을 고려하여 대출이 가능한 상품이며, 담보 대출은 대상자의 예금, 부동산 등 특정한 자산을 바탕으로 자금을 빌려주는 상품이다. 따라서 신용대출은 대상자의 직업, 신용에 따라 대출이 가능한 금액 및 이자가 결정된다는 특징이 있으며, 담보 대출은 담보되는 자산의 가액 및 특징에 따라 대출 가능 금액 및 이자가 결정된다는 특징이 있다.

담보 대출에서 담보는 대출에 대한 상환이 이루어지지 않을 때 상환을 보증하기 위해 채무자가 채권자에게 제공하는 자산이다. 대출을 받을 때 담보를 제공할 경우, 채무 이행이 어려워지더라도 담보를 통해 변제를 확보할 수 있어 안전하게 평가되므로 이자가 상대적으로 낮게 형성된다는 특징이 있다.

대출 종류

신용　　　　　　　　담보

대출금리는 기준금리, 신용등급, 담보 안정성에 영향을 받음

※ 건별대출 vs 한도대출(마이너스 통장)

신용대출은 건별대출과 한도대출로 구분할 수 있다. 여기서 건별대출이란 대출 한도 내에서 일정 금액을 한 건으로 계산하여 정해진 금액을 한 번에 대출받고 이를 기준으로 상환하는 방식이며, 한도대출(마이너스 통장)은 대출 한도 내에서 원하는 만큼 금액을 대출하고 상환하는 방식이다. 한도대출은 대출금액의 유동성이 있어 한도 내에서 대출을 받은 만큼만 이자를 지불하면 된다는 장점이 있으며, 건별대출은 유동성이 떨어지지만 한도대출에 비해 이자가 낮게 형성된다는 장점이 있다. 따라서 대출금액이 유동성이 있다면 한도대출이 유리하며, 변동성이 적고 장기간 대출이 필요하다면 건별대출 상품이 더욱 유리하다.

대출 이자는 한국은행에서 설정하는 기준금리, 대출 신청자의 신용도, 담보의 안전성에 따라 좌우된다. 기준금리가 높아지면 이자는 높아지고 기준금리가 낮아지면 이자는 낮아지는 정의 상관관계를 가진다. 기준금리에 맞추어 예금이자가 변동되는 것과 같이 대출 이자도 함께 영향을 받는 것이다. 신용대출에서 대상자의 신용도는 금리를 결정하는 기준이 되어 신용이 낮으면 대출 이자는 높아지고, 신용이 높으면 대출 이자는 낮아진다. 신용도가 높으면 대출의 안전성이 더욱 높다는 것이기에 그만큼 이자가 낮게 형성되는 것이다. 담보 대출의 경우에는 자산이 가지고 있는 안전성이 높을수록 이자는 낮게 형성되고 담보를 제공하기에 다른 대출방법에 비해 이자가 낮게 형성된다는 특징이 있다. 담보 대출이 가능한 금액은 통상적으로 자산가치의 60%~70% 내외로 형성되며 각종 규제에 영향을 받는다.

원리금 상환

대출을 받으면 이자와 원금을 상환하는 방식 또한 현금흐름에 큰 영향을 미치므로 반드시 확인해야 하는 사항이다. 상환하는 방식은 크게 원리금 균등상환방식, 원금 균등상환방식, 만기 일시상환방식, 혼합식(거치식)으로 구분된다. 원리금 균등상환방식은 원금과 이자를 합쳐 월 동일한 금액으로 상환하는 방식이며, 원금 균등상환방식은 원금을 기준으로 동일한 금액으로 상환하고 잔여 원금에 해당하는 이자를 추가로 납입하는 방식으로 시간이 흐름에 따라 원금이 줄어드는 만큼 추가되는 이자 또한 줄어든다. 만기 일시상환방식은 만기가 도달할 때까지 이자만 내다가 만기가 도달하면 원금을 일시에 상환하는 방식이며, 혼합식(거치식)은 일정 기간에 대해서는 이자만 내다가 이후 원리금 균등 또는 원금 균등으로 상환하는 방식이다. 이자는 원금이 클수록, 이자가 적용되는 기간이 길수록 커지므로 원금 상환 기간이 길고 잔여 원금이 클수록 총 상환해야 하는 금액은 많아진다. 따라서 총 납입해야 하는 이자는 만기 일시상환방식, 혼합식, 원리금 균등상환방식, 원금 균등상환방식 순으로 작아진다.

원리금 상환방식

구분	내 용
원리금 균등상환	원금과 이자를 합쳐 월 균등한 금액을 상환
원금 균등상환	원금을 균등하게 상환하면서 원금에 따라 변동되는 이자를 상환
만기 일시상환	만기 도달까지 이자만 납입하다가 만기에 원금을 일시에 상환
총 납입이자	만기 일시상환 > 원리금 균등상환 > 원금 균등상환

대출 상환방식 중 가장 보편적인 상환방식은 원리금 균등 상환방식이며, 대출을 받는다면 예상되는 현금흐름을 고려하여 자신에게 적합한 대출 상환방식을 선택함으로써 효율적인 금융 생활을 할 수 있다.

※ 고정금리 vs 변동금리

대출을 받을 때 이자는 고정금리 방식과 변동금리 방식이 있다. 고정금리 방식은 말 그대로 대출 시 정해진 이자를 대출원금에 적용하는 것이며, 변동금리는 한국은행 기준금리에 따라 변동되는 이자율을 대출원금에 적용하는 것이다. 따라서 금리 인상이 예상될 때에는 고정금리로 대출을 받는 것이 유리하며, 금리 인하가 예상될 때에는 변동금리로 대출을 받는 것이 상환에 유리하다.

기준금리는 단기적으로 오르내림을 반복하지만, 장기적으로 금리는 점차 낮아진다는 점을 고려하여 대출 기간에 따라 적절한 금리를 선택하는 것이 좋다.

2) 증권사

증권사는 '투자'를 대표하는 금융기관으로 주식, 채권, 파생상품 등 다양한 유가 증권에 대한 거래가 이루어지는 기관이다. 증권사에서 판매되는 금융상품은 다양하지만, 안전성을 우선으로 금융거래가 이루어지는 은행 거래와는 다르게 가치의 변동성으로 인한 수익성과 리스크를 바탕으로 거래가 이루어진다는 특징이 있다.

유가 증권이란 재산적 가치를 가지고 있는 증서로서 재산적 가치가 있는 권리를 현물로 거래하는 것은 매우 어렵고 비효율적이기에 증서에 그 권리를 부여하여 증권사에서 증서를 거래하는 형태로 권리를 이전하고 자금을 유통한다. 흔히 재테크의 방법으로 많이 활용되는 주식 및 펀드 등의 투자는 주로 증권사에서 거래가 이루어지고 있다. 증권과 관련된 용어들은 일반인들에게 친숙하지 않고 생소하기에 평소에 관심을 가지고 있지 않다면, 모르는 단어들로 인해 이해가 어려울 수 있으므로 올바른 판단 및 정확한 상품 비교를 위해 관련 용어를 잘 숙지하고 있어야 한다.

CMA 계좌

CMA(Cash Management Account) 계좌는 증권사에서 자

유롭게 입출금을 관리할 수 있는 대표적인 금융상품이다. 또한 은행 입출금 계좌에 비해 높은 이자를 적용받을 수 있어 주식, 파생상품 등 증권거래를 할 수 있는 기본 계좌로 주로 활용된다.

CMA 계좌는 안전성이 높은 국공채, 양도성 예금증서, 단기 회사채 등의 금융상품을 운용하여 수익을 내기 때문에 상대적으로 안정적인 수익을 달성할 수 있다는 장점이 있다.

※ 관련 용어
- 국공채 : 국가 또는 공적 기관이 발행하는 채권
- 양도성 예금증서 : 양도가 가능한 예금증서, 은행이 발행하여 안전성이 높다.
- 단기 회사채 : 회사가 자금 조달을 위해 발행하는 상환 기간이 단기인 채권

주식

주식은 회사의 자본을 이루는 기본 단위로서 주식을 매입함으로써 특정 회사에 금액을 투자하고 그 대가로 정해진 기간마다 투자금에 해당하는 이득을 받을 수 있는 유가 증권이다. 또한 주식을 매입한 주주는 총 자본금액의 비율에 따라 회사 경영에 권리를 행사할 수 있다. 회사는 주식을 발행함으로써 자본금을 확보

할 수 있으며, 매수인은 회사의 가치에 따라 주가 상승으로 인한 시세차익 및 배당 수익 등을 목적으로 회사에 대한 주식을 매수한다. 주식은 회사 입장에서 돈을 빌리는 채권 개념이 아니므로 돈을 갚을 필요가 없어 자금을 유통시킬 수 있는 효과적인 방법으로 활용된다.

주식의 가격은 수요와 공급에 의해서 결정된다. 해당 주식을 판매하는 사람이 적은데, 사고자 하는 사람이 많다면 그만큼 주식의 가치는 높아지고, 반대로 판매하는 사람이 더 많다면 주식의 가격은 하락한다. 수요과 공급을 결정하는 요인은 회사의 가치 및 경제 상황, 투자자 심리, 관련 분야에 대한 규제 등으로 다양하며, 주식은 수요와 공급을 결정짓는 변수가 많아 다른 투자 방법에 비해 가격의 변동성이 크게 형성되는 투자 종목이다. 특히 우리나라의 주식시장은 투자자들의 심리적인 요인이 크게 반영된다는 특징이 있다.

※ 개장 시간

- 정규 시간 : 오전 9시~오후 15시 30분
- 개장 전 시간 외 거래(전일 종가) : 오전 8시 30분~오전 8시 40분(10분)
- 마감 후 시간 외 거래(당일 종가) : 오후 15시 30분~오후 15시 40분(10분)
- 시간 외 거래(당일 종가대비 ±10%로 거래) : 오후 16시~오후 18시(2시간)

※ 관련 용어

- 시가 : 장이 열린 직후 주식의 가격
- 종가 : 장이 닫힐 때 주식의 가격
- 고가/저가 : 하루 중 가장 높게/낮게 형성된 주식의 가격
- 상한가/하한가 : 상승/하락 가능한 최대 가격, 전날 종가 기준 최대 30%까지 상승 및 하락이 가능하므로 전날 종가 기준으로 계산할 수 있다.
- 지정가 : 투자자가 원하는 종목의 수량과 가격을 지정
- 시장가 : 투자자가 원하는 종목과 수량만 지정하고 주문 현재 시장 가격을 기준으로 주문
- 조건부 지정가 : 지정가 주문으로 거래가 체결되지 않을 경우 장 마감 동시호가 시간에 시장가 주문으로 전환
- 최유리 지정가 : 투자자가 종목과 수량만 지정하고, 매수주문의 경우 가장 낮은 가격의 매도호가로, 매도주문의 경우 가장 높은 가격의 매수호가로 주문
- 최우선 지정가 : 최유리 지정가와 반대되는 개념으로 매수주문의 경우 가장 높은 가격의 매도호가로, 매도주문의 경우 가장 낮은 가

격의 매수호가로 주문
- 동시호가 : 매매거래 시 동시에 접수된 호가로서 매도의 경우 가격이 낮은 주문, 매수의 경우 가격이 높은 주문이 우선 처리되며, 가격이 같은 경우 수량이 더 많은 주문이 우선 처리된다.
- 코스피 : 한국 유가 증권 시장의 종합주가지수
- S&P500 : 미국 주식시장에 상장된 500개의 대형기업이 포함된 주가지수

재무제표

단기적으로 주식의 가격을 결정짓는 변수는 다양하지만 주식의 가격은 결국 회사의 가치에 수렴하는 경향이 있다. 따라서 회사의 재무제표를 통해 판단할 수 있는 회사의 적정 주가를 계산할 수 있다면, 실제 형성되고 있는 주가와의 차이를 통해 이득을 취하는 것도 가능하다. 재무제표를 통해 파악할 수 있는 여러 지표 중 주식에 활용되는 대표적인 5가지 지표에 대해서 알아보자.

① 자기자본이익률(ROE) = 당기 순이익/평균 자기자본

당기 순이익을 평균 자기자본으로 나누어 투입한 자본 대비 얼마나 이익이 났는지를 평가할 수 있는 지표. ROE가 높을수록 투입한 자본 대비 높은 이익이 났다는 것을 의미하므로 지표가 높을수록 좋게 평가된다.

② 주당순이익(EPS) = 당기 순이익/총 발행 주식 숫자

당기 순이익을 총 발행 주식 숫자로 나누어 1주당 이익을 얼마나 창출하고 있는지를 나타내는 지표. EPS가 높을수록 1주당 순이익이 크게 형성되었다는 것을 의미하므로 높을수록 좋게 평가된다.

③ 주당순자산가치(BPS) = 기업 순자산/총 발행 주식 숫자

기업 순자산을 총 발행 주식 숫자로 나누어 1주당 순자산의 가치를 파악할 수 있는 지표. BPS가 높을수록 1주당 순자산이 크다는 것을 의미하기에 높을수록 좋게 평가된다.

④ 주가수익비율(PER) = 시가총액/순이익

시가총액을 순이익으로 나누어 기업이 얻는 이익에 비해 주가가 어느 정도 수준인지를 나타내는 지표. PER이 높을수록 순이익 대비 시가총액이 높게 형성되므로 고평가가 이루어진 상태로 해석할 수 있으며, PER이 낮을수록 순이익 대비 시가총액이 낮게 형성되므로 저평가가 이루어진 상태로 해석할 수 있다. PER의 평균치는 분야 및 업종에 따라 다르게 형성되기에, PER을 기준으로 회사의 가치를 판단하기 위해서는 유사 분야 및 업종에 따른 평균 PER를 기준으로 비교가 이루어져야 한다.

⑤ 주가순자산비율(PBR) = 시가총액/순자산

시가총액을 순자산으로 나누어 보유자산 대비 주가가 어느 정도 수준인지를 나타내는 지표. PBR이 높을수록 순자산 대비 시가총액이 높게 형성되므로 고평가가 이루어진 상태로 해석할 수 있으며, PBR이 낮을수록 순자산 대비 시가총액이 낮게 형성되므로 저평가가 이루어진 상태로 해석할 수 있다. PBR도 PER과 마찬가지로 평균치는 분야 및 업종에 따라 다르게 형성되기에 각 분야 및 업종의 평균 PBR을 기준으로 비교가 이루어져야 한다.

 재무제표를 이용한 지표 분석은 회사의 가치와 주식 가격과의 관계를 파악할 수 있는 효율적인 방법이다. 하지만 앞에서 설명한 것과 같이 주식의 가격에 미치는 변수는 워낙 다양하기에 지표를 절대적으로 맹신하기보다는 회사의 가치와 적정한 주가를 판단하기 위해 참고할 수 있는 하나의 수단으로 활용하는 것이 현명한 투자 방법이라고 할 수 있다.

재무지표

구분	내용
자기자본이익률 (ROE)	투입한 자기자본 대비 이익 비율
주당순이익 (EPS)	총 발행 주식 숫자 대비 이익 비율
주당순자산가치 (BPS)	기업 순자산을 총 발행 주식으로 나눈 지표. 1주당 자산가치
주가수익비율 (PER)	주식 시가총액을 순이익으로 나눈 지표. 이익대비 주가 비율
주가순자산비율 (PBR)	주식 시가총액을 순자산으로 나눈 지표. 자산대비 주가 비율

기업공개(IPO)

기업공개는 다수의 투자자에게 주식을 공개 매도하는 것이다. 기업공개는 주로 주식시장에 상장시켜 주식을 매도하는 형태로 이루어지며, 회사 입장에서는 상장을 통해 기업을 시장에 공개함으로써 자본금을 효율적으로 유통할 수 있다는 장점이 있다. IPO가 이루어지는 경우 기업에 따라 기대 심리가 형성되어 치열한 공모 경쟁이 이루어지기도 하지만, 반대로 공모가보다 낮은 주가를 형성하게 되는 경우도 있으므로 투자자 입장에서는 기업의 가치를 판단할 수 있는 능력이 필요하다.

※ 관련 용어
- 공모 : 일반 사람들에게 공개적으로 모집하는 것
- 사모 : 일반 사람들에게 공개적으로 모집하지 않고 특정 소수의 사람들에게 모집하는 것

채권

　　채권은 정부, 공기업, 금융기관, 회사 등에서 자금을 마련하기 위해 자금을 빌려 일정한 기한 후에 돌려주겠다는 채무증서를 유가 증권화한 것이다. 채권의 이자는 발행 주체의 신용도, 만기, 기준금리, 채권 가격 등에 영향을 받는다. 거래되는 채권의 회수가 안정적일수록 채권 금리는 내려가며, 반대로 안정성이 낮을수록 회수 가능성이 낮아지기에 이에 대한 보상으로 금리는 높게 형성된다. 또한 만기가 긴 채권일수록 자금이 오래 묶여있어야 하므로 이에 대한 보상으로 더욱 높은 금리를 적용한다. 또한 중앙은행에서 발표하는 기준금리가 높을수록, 은행 예금이자가 높아져 채권의 경쟁력이 떨어지므로 채권의 가격은 떨어지고 채권 가격이 떨어지는 만큼 채권의 이자는 높아진다는 특징이 있다.

말킬의 채권가격 정리

구분	내 용
정리 1	채권 가격은 수익률과 반대로 움직인다
정리 2	채권의 잔존기간이 길수록 수익률 변동에 대한 가격변동은 커진다
정리 3	가격변동폭은 만기가 길어질수록 증가하나 증감률은 체감한다
정리 4	만기가 일정할 때 채권수익률 하락으로 인한 가격상승폭은 수익률 상승으로 인한 가격하락폭보다 크다
정리 5	표면이자율이 낮은 채권이 큰 채권보다 일정한 수익률 변동에 따른 가격변동폭이 크다

여기서 채권 가격이 떨어지게 되면 채권의 수익률이 높아진다는 것에 대해 의문점을 가질 수 있다. 실제로 채권 가격과 채권 이자는 서로 반비례 관계를 가지고 있는데, 이러한 현상이 발생하는 이유는 채권은 상환 증권으로서 만기에 도달할 경우 받는 원금과 이자가 일정 금액으로 정해져있기 때문이다. 따라서 채권이 거래되는 가격이 떨어진다고 하더라도 만기 시 돌려받는 금액이 달라지는 것은 아니기에 동일한 가치를 지니려면 가격이 낮아진 만큼 채권 이자가 높아져야 하는 것이다.

채권은 주식에 비해 상대적으로 안정적인 증권으로 분류되어 주식의 큰 변동성을 상쇄할 수 있는 투자수단으로 활용된다.

펀드

펀드는 다수의 투자자로부터 자금을 모금하여 운영하는 실적 배당형 투자 기금이다. 펀드는 은행 및 증권사에서 가입할 수 있는 간접투자 상품으로 자산운용회사가 주식 및 채권 등으로 자금을 운용하고 그 결과를 돌려주는 간접투자 상품이다. 펀드는 투자 종목이 다양하고 전문가에 의해 운용되기에, 투자에 대한 전문성 및 정보 접근성이 상대적으로 낮은 일반인들이 쉽게 투자를 할 수 있다는 장점이 있다. 하지만 펀드 또한 투자 상품이기에 원금 손실의 가능성이 있으므로 펀드를 더욱 효율적으로 운용하기 위해서는 충분한 금융지식을 갖추고 투자를 하는 것이 바람직하다.

※ 펀드 종류

- 주식형 펀드 : 주식에 자산의 60% 이상을 투자
- 채권형 펀드 : 채권에 자산의 60% 이상을 투자
- 혼합형 펀드 : 자산을 주식과 채권에 모두 투자
- 인덱스 펀드 : 코스피, S&P500 등 특정 주가지수를 따르는 펀드
- 상장지수펀드(ETF) : 인덱스 펀드와 같이 특정 지수를 따르지만, 거래소에 상장되어 주식처럼 거래가 가능
- 리츠(REITs) : 부동산 투자회사에 투자되는 펀드로 거래소에 상장되어 주식처럼 거래가 가능
- 부동산 펀드 : 실물 자산에 직접 투자가 이루어지고 수익증권을 받는 형태의 펀드, 중도 환매가 불가능

파생상품

파생상품이란 주식, 채권과 같은 금융상품 및 금, 천연가스 등의 현물을 기초자산으로 다양한 조건을 추가한 금융상품이다. 파생상품은 크게 선물, 옵션, 스왑으로 분류할 수 있으며 이를 응용한 다양한 파생상품이 존재한다.

① 선물
선물은 특정 미래시점에서 사전에 미리 약속된 가격으로 이루어지는 거래로 미래의 불확실성을 대비하기 위해 만들어진 금융상품이다. 예를 들어 사과를 수확하는 농부와 사과를 사고파는 상인이 있다면, 사과에 대한 수확이 이루어지기 전에 미리 정해진 가격으로 사과를 거래하기로 약속하는 것이다. 선도 및 선물 거래를 통해 농부는 혹시 사과 풍작으로 인해 가격이 크게 떨어지는 위험을 대비할 수 있고, 반대로 상인은 사과의 흉작으로 인해 가격이 크게 높아지는 위험을 대비할 수 있다.

② 옵션
옵션은 기초자산을 만기시점에 정해진 가격으로 사고팔 수 있는 권리를 사고파는 계약이다. 살 수 있는 권리를 콜옵션, 팔 수 있는 권리를 풋옵션이라고 한다.

③ 스왑

스왑은 미래에 발생할 수 있는 변동성을 감소시키는 것을 목적으로 두 당사자가 가지고 있는 각자의 현금흐름을 서로 교환하는 개념이다. 대표적인 종류로는 금리스왑, 통화스왑 등이 있으며, 주로 위험을 회피하기 위한 목적으로 활용된다.

> ※ 파생상품의 종류
> - 파생결합 증권(DLS)
> : 기초자산의 가치 변동에 따라 수익이 결정되는 증권으로 이자율, 환율, 주가, 신용, 실물 자산 등의 가격변동과 연계하여 투자수익이 결정된다.
> - 주가연계 증권(ELS)
> : 개별 주식의 가격이나 주가지수에 연계되어 투자수익이 결정되는 유가 증권이다. 주가지수, 섹터지수, 개별종목 등을 기초자산으로 한다.

파생상품

구분	내 용
선물	미래의 특정시점에서 사전에 미리 약속된 가격으로 이루어지는 거래
옵션	기초자산을 만기시점에 정해진 가격으로 사고팔 수 있는 권리를 사고 파는 거래
스왑	두 당사자가 가지고 있는 현금흐름을 교환

3) 보험사

보험사는 보험 상품을 판매하는 금융기관이다. 사람들은 미래에 발생할 수 있는 위험으로 큰 비용이 발생하는 것을 대비하기 위해, 위험을 보장받기 위한 보장성 보험, 연금과 같이 장기 저축 및 목돈 마련을 목적으로 저축성 보험에 가입한다. 보험은 자산을 형성하는 과정에서 발생하는 비용을 대비함으로써 안정적으로 재무목표를 달성하고 노후를 대비할 수 있는 대표적인 수단으로 활용된다. 보험 상품은 납입기간이 길다는 특징이 있으며, 복리의 이자를 적용받고, 비과세 또는 세액공제 혜택을 받을 수 있다는 장점이 있다.

생명보험/손해보험

생명보험사는 사람의 생존과 사망에 따른 보장을 위해 만들어진 보험사다. 생명보험의 대표적인 상품으로는 종신보험, 정기보험, 연금보험, 교육보험, CI보험 등이 있다. 생명보험 상품들은 공통적으로 생명과 삶에서의 자금 설계를 중심으로 이루어진다는 특징이 있다.

손해보험사는 재산상의 손해보장을 위해 만들어진 보험사로 실제 손해에 비례해서 보험금을 지급하는 보험사다. 손해보험의 대표적인 상품으로는 상해보험, 자동차보험, 화재보험, 책임보험 등이 있다.

생명보험과 손해보험은 모두 질병 및 사고로 인한 위험에 대한 보장을 다루며, 은행마다 예금 및 대출 조건이 다른 것과 같이 필요한 보장내용에 따라 개인이 더욱 유리하게 가입할 수 있는 보험사가 존재하므로 보험 상품을 활용할 때에는 보험사를 비교하면 더욱 합리적인 금융 생활을 영위할 수 있다.

보장성 보험

　　보장성 보험은 질병 또는 사고가 발생했을 경우를 대비하여 가입하는 상품이다. 주로 치료비, 생활비, 수입단절 등 직접비용 및 간접비용을 대비하기 위한 목적으로 준비하며, 보장성 보험을 가입함으로써 위험 비용에 대한 경제적인 부담을 경감시킬 수 있다. 보장성 보험의 종류에 대해서 알아보자.

① 실손의료비 보험
　실손의료비 보험은 병원에서 진료 및 치료에 발생한 비용의 일부를 가입한 금액 한도 내에서 돌려받을 수 있는 보험이다. 국민건강보험을 보조하는 정책성 보험으로서 국민의 복지를 위해 판매되고 있다.

② 사망보험
　사망했을 때에 보험금을 받을 수 있는 보험이다. 사망보험은 당사자가 받는 것이 아닌 남겨진 가족이 받는 것이기에 남겨진 가족을 기준으로 보험금액을 설정해야 한다. 사망보험은 사망하면 반드시 사망보험금을 받을 수 있는 종신보험과 70세 등과 같이 일정한 만기를 설정하고 보장받는 정기보험으로 분류된다.

③ 건강보험(종합보험)

살아가면서 상해 또는 질병이 발생했을 경우에 보장받을 수 있는 보험으로 흔히 말하는 암보험, 종합보험이다. 암, 뇌질환, 심장질환, 후유장해, 수술비 등 자신에게 필요한 보장내용을 구성함으로써 효율적인 보장자산을 형성할 수 있다.

④ 어린이보험(태아보험)

어린이보험은 건강보험의 일종으로 보험 나이 30세 이하일 경우 가입이 가능한 보험이다. 어린이보험은 보험금의 지급 시기가 먼 미래로 예상되기에 보험료, 납입면제 조건, 가입한도 등에 혜택을 부여하고 있다.

태아보험은 어린이보험에 태아와 관련된 특약이 포함되어 있는 보험이다. 태아와 관련된 특약은 태어나는 과정에서 발생할 수 있는 사고 및 선천적인 질병, 수술, 입원 등이 포함된다.

⑤ 유병자보험(간편보험)

유병자보험은 기존 병력 및 치료력이 있어 보험 가입이 어려운 사람을 대상으로 가입할 수 있는 조건을 완화한 상품이다. 일반보험과 달리 일정 기간 동안 보장하지 않는 부담보 조건이 없으며, 고지의무 및 심사가 완화된 만큼 보험료는 상대적으로 높게 형성된다.

⑥ 자동차보험

자동차보험은 자동차 사고 시 발생하는 민사적인 비용을 보장받기 위한 보험이다. 주요 보장내용은 대인배상, 대물배상, 자기신체사고, 자동차 상해, 무보험차 차량손해, 자기차량손해 등으로 구성되며, 자동차 운전 시 운전자에게 자동차보험을 의무적으로 가입하도록 강제하고 있다.

⑦ 운전자보험

운전자보험은 자동차 사고 시 발생하는 형사적인 비용 및 행정적인 비용을 보장받기 위한 보험이다. 주요 보장내용은 교통사고 처리지원금(형사합의금), 변호사 선임비용, 벌금, 면허 취소위로금, 면허 정지위로금 등의 내용으로 구성되며, 음주운전 및 뺑소니의 경우에는 보장받을 수 없다.

⑧ 치아보험

치아 치료 시 보장을 받기 위해 가입하는 보험이다. 주요 보장내용은 치주치료 및 충전치료, 크라운 및 임플란트 치료에 해당한다. 치아 관련 질환은 진행되는 순서가 있다는 점을 고려하여 나에게 맞는 특약으로 적절한 시기에 가입하는 것이 중요하다.

⑨ 간병보험

간병보험은 노후를 대비하기 위해 가입하는 상품으로 간병 비용을 대비하기 위한 보험이다. 간병보험의 주요 보장은 국민건강보험공단에서 진단받을 수 있는 장기요양등급 진단비 및 입원 시 간병인 지원 등의 특약으로 구성된다.

⑩ 치매보험

치매보험 또한 간병보험과 같이 노후를 대비하는 보험으로 치매 진단 시 발생하는 비용을 보장받을 수 있는 상품이다. 주요 보장내용은 치매 진행 경과에 따른 진단비, 생활비 등으로 구성된다.

저축성 보험

저축성 보험은 보험의 특징인 복리, 비과세, 세액공제 등의 혜택을 활용하여 목돈 및 연금 재원 마련을 위한 저축을 목적으로 하는 금융상품이다. 저축성 보험의 종류에 대해 알아보자.

① 연금보험

연금보험은 추후 연금을 수령하기 위한 목적으로 가입하는 상품이다. 연금보험 상품은 적립된 금액이 이율방식을 통해 복리로 운용되며, 45세 이후부터 연금으로 수령할 수 있고 10년 이상 유지하는 경우 이자소득에 대한 비과세 혜택을 받을 수 있다.

② 변액보험

변액보험은 적립된 보험료가 이율방식이 아닌 실적 배당방식으로 운용되는 상품이다. 즉 적립된 금액이 이율이 아닌 펀드로 운용된다. 일반적인 보험 상품은 일정 기간 이상 유지하면 원금 이상의 수익을 보지만, 변액보험 상품은 실적 배당형 상품이기에 원금을 보장하지 않는다는 특징이 있다. 큰 수익을 볼 수 있지만, 반대로 손실을 볼 수 있는 상품이기에 변액보험 가입 시에는 펀드 종목을 운용할 수 있는 능력이 필요하다.

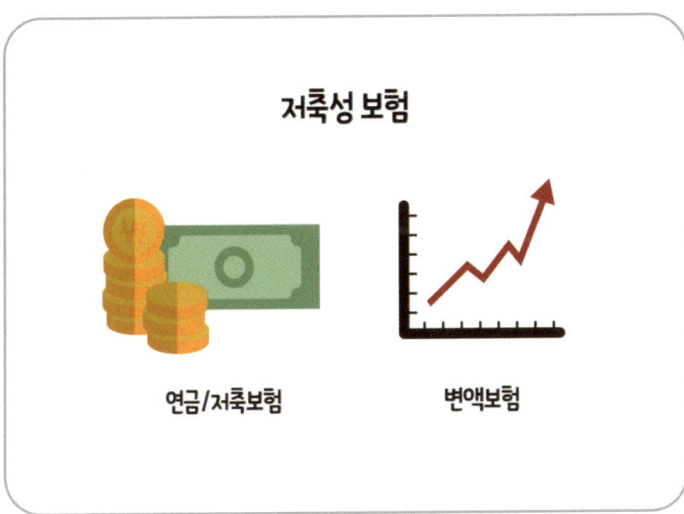

올바른 재테크 지식을 통해
경제적 자유를 달성하자!

chapter 5

재테크 지식

chapter 5

재테크 지식

1) 부동산

부동산은 우리가 살아가는 삶의 공간이다. 사람이 생활하는 공간이기에 가치가 높게 평가되고 그만큼 가격이 높게 형성되는 자산이다. 그래서 부동산 투자는 큰 금액이 필요하고 그만큼 큰 리스크를 동반한다는 특징이 있다. 부동산은 특히 여러 재테크 수단 중에서도 상대적으로 가격이 잘 하락하지 않는 하방경직성을 띠며 인플레이션을 반영하므로 그 가치가 꾸준히 증가하고 안전성이 높은 자산으로 평가받고 있다.

부동산은 생활과 관련된 자산이기에 부동산과 관련된 다양한 권리가 존재한다. 소유권, 임차권, 전세권, 지상권, 지역권, 저당권 등 여러 권리가 병존하기에 하나의 부동산 내에서도 여러 권리에 대한 계약이 존재할 수 있으며, 거래절차가 복잡하다는 특징이 있다. 또한 부동산은 집값 안정 등의 정책과 맞물려 가격, 거래, 세금 등 다양한 정부 규제가 적용되어 정책의 변화에 큰 영향을 받고 주식과 달리 큰 단위로 거래되는 만큼 환금성이 낮은 편이다.

부동산과 인구

부동산은 내 집 마련이라는 소유에 대한 욕구와 부합하여 꾸준한 니즈가 계속해서 형성된다는 특징이 있다. 부동산 공급은 국민수요에 따른 정부의 공급 정책에 의해 영향을 받으며, 수요는 곧 인구수에 매우 큰 영향을 받는다. 예를 들어 인구가 많이 몰리고 꾸준히 수요가 발생하는 수도권의 경우 지방의 부동산보다 수요가 더욱 크기에 그만큼 가격이 높으며, 지방에서도 외곽지역보다는 중심가의 부동산이 더욱 가격이 높다.

부동산 시장의 미래를 예측할 때 인구수가 중요한 이유는 저출산으로 인한 인구감소가 수요에 절대적인 영향을 미치기 때문이다. 과거 베이비 붐 세대의 연간 출생자 수가 90만 명 이상이었다면, 현재는 30만 명 내외로 형성되는 수준으로 1/3 수준으로 떨어지게 되었으며, 다른 변수를 고려하지 않는다면 현재 출생한 인구가 부동산 주요 수요층이 되는 30년~40년 후의 부동산 수요 또한 1/3이 된다. 인구가 줄더라도 중심지역에 대한 수요는 꾸준할 수 있지만, 그 외의 지역에 대한 수요는 크게 줄어들게 될 것으로 예측해볼 수 있다.

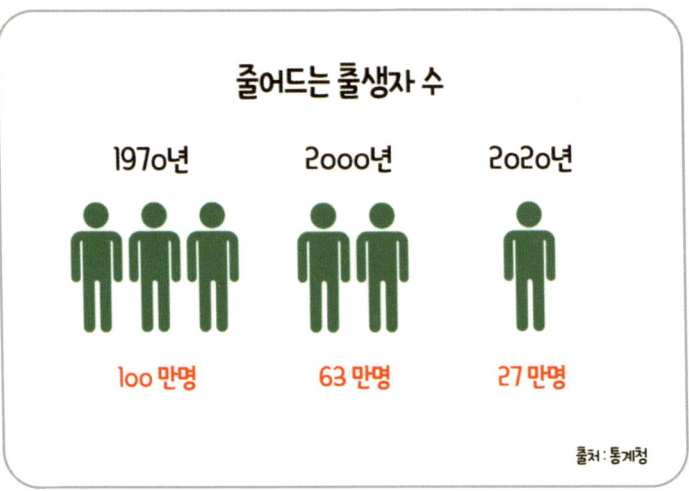

부동산 구역

토지는 무분별한 발전을 막고 토지를 경제적, 효율적으로 이용하기 위해 용도에 따른 용도지역, 용도지구, 용도구역을 지정하여 관리하고 있다. 지역, 지구, 구역의 용도에 따라 발전이 가능한 건축물, 운영 가능한 업종, 건물 허용 높이, 용적률 및 건폐율의 차이가 발생하므로 관련 내용을 잘 알고 분별할 수 있어야 투자 여부를 결정할 때 올바른 판단을 내릴 수 있다.

> ※ 관련 용어
>
> - 용적률
>
> : 건물의 바닥 면적의 합을 땅의 넓이로 나눈 비율이다. 용적률이 높다는 것은 바닥 면적 대비 건물의 전체 면적이 크다는 것을 의미하므로 더욱 고층의 건물이다.
>
> - 건폐율
>
> : 건축물이 건설부지에서 차지하는 땅의 비율이다. 건폐율을 제한하는 이유는 지면에 여유 공간을 남겨 채광, 통풍 등을 원활하게 하기 위한 목적으로 활용된다.

① 용도지역

용도지역은 토지의 용도를 4가지 용도로 중복되지 않게 구분한다. 용도지역은 도시지역, 관리지역, 농림지역, 자연환경보전지역으로 구분되며, 각 목적에 따라 토지를 이용할 수 있도록 정하고 있다.

② 용도지구

용도지구는 용도지역의 용도, 건폐율, 용적률, 높이 등에 대한 제한을 강화하거나 완화하여 적용함으로써 용도지역의 기능을 증진시키고 미관, 경관, 안전 등을 도모하기 위해 결정하는 지역이다. 용도지구의 종류로는 경관지구, 고도지구, 방화지구, 방재지구, 보호지구, 취락지구 등이 있다.

③ **용도구역**

용도구역은 용도지역 및 용도지구를 보완하여 토지의 용도를 정해둔 구역이다. 용도구역의 종류로는 개발제한구역, 도시자연공원구역, 시가화조정구역, 수산자원보호구역, 입지규제최소구역이 있다.

건축물 종류

① **아파트**

아파트는 여러 사람이 공동으로 살아가는 5층 이상의 주택을 말한다. 아파트는 주차장을 확보하고 있어 주차에 용이하고 관리사무소를 통해 효율적인 아파트 관리 및 미화가 가능하다는 장점이 있다. 아파트는 장기, 중기 계획에 따라 건축되므로 주변에 학교, 학원, 상점, 식당 등 교육시설과 편의시설이 반영되고 접근성이 높아 다른 주거 건축물 중에서도 가장 인기가 많고 많은 거래가 이루어진다.

② **빌라**

빌라는 일반적으로 4층 이하의 소형 공동 주택을 말한다. 빌라는 아파트에 비해 저렴한 가격으로 매매가 이루어지며, 관리비가 저렴하다는 장점이 있다. 하지만 주차 문제, 편의시설 및 교육시설에 대한 접근성 문제, 주택 관리를 개인이 해야 하는 문제 등으로 아파트에 비해 상대적으로 적은 거래가 이루어진다.

③ 단독 주택

단독 주택은 한 건물에 한 세대만 사는 주택이다. 따라서 건축 및 인테리어에 개인의 가치관이 반영되어 다양한 형태의 구조와 환경 조성이 가능하며, 자유로운 생활이 가능하다는 장점이 있다. 하지만 단독 주택은 가격이 높게 형성되고 유지보수가 불편하다는 단점이 있어 거래는 상대적으로 적은 편이다.

④ 오피스텔

오피스텔은 거주하면서 일을 할 수 있는 환경을 제공하는 시설이다. 오피스텔은 용적률이 높게 적용되어 추후 재건축을 통해 연면적을 높이는 것이 어렵고, 건축 시 관련 규제가 적은 편이라 상대적으로 쉽게 공급이 이루어지기 때문에 다른 건축물에 비해 상대적으로 매매가가 잘 오르지 않으며, 전용면적이 낮고 관리비가 비싸다는 특징이 있다. 신규 오피스텔에 대한 거래는 활발한 편이지만, 이후에는 거래가 잘 이루어지지 않는 편이다.

※ 관련 용어
- 공급면적 : 전용면적 + 주거 공용면적, 주거하는 데 사용하는 면적
- 전용면적 : 실제 사용하는 집 안의 면적
- 주거 공용면적 : 공용으로 사용하는 계단, 복도, 엘리베이터 등의 면적

⑤ 상가

상가는 상업이 이루어지는 건물이다. 상가는 위치에 따라 단지 내 상가, 근린상가, 주상복합, 상가주택 등으로 구분되며 상가는 거주가 아닌 임대 수익을 위한 투자 목적으로 주로 거래되고 상권의 영향을 크게 받는다. 여기서 주상복합은 주거공간과 상업공간이 복합된 아파트로서 도심 지역에 지어지므로 교통 및 편의시설에 대한 접근성이 용이하다는 장점이 있으며, 공용면적이 넓어 전용률이 상대적으로 낮고 관리비가 높게 형성되며, 고층으로 지어지므로 재건축을 통한 수익을 달성하기에는 적합하지 않다.

※ 관련 용어
- 단지 내 상가 : 아파트 단지 내에 설치하는 상가, 주로 슈퍼, 정육점, 과일가게, 채소가게, 세탁소, 미용실 등의 시설이 입점한다.
- 근린상가 : 주거지역 인근에 위치한 상가, 소매점, 학원 등 주민 생활에 편의성을 제공하는 상점이 몰려있다.
- 주상복합 : 상업지역 내 공동 주택 및 상업 목적으로 지어진 건축물, 마트, 병원, 소매점 등의 상업공간과 생활 공간으로 구성된다.
- 상가주택 : 점포를 겸용한 주택으로 일반적으로 1층 또는 2층을 상가, 그 위층은 거주용으로 사용한다.

⑥ 지식산업센터

지식산업센터는 제조업, 지식산업, 정보통신산업을 영위하는 자와 지원시설이 입주할 수 있는 3층 이상의 집합건축물이다. 지식산업센터는 각종 부동산 규제의 영향을 크게 받지 않으며, 정부의 지원이 이루어지는 경우가 많아 입주 및 투자에 유리한 환경이 조성되는 편이다.

건축물 종류

구분	내 용
아파트	5층 이상의 공동주택
빌라	4층 이하의 소형 공동주택
단독주택	한 건물에 한 세대만 사는 주택
오피스텔	거주하면서 일을 할 수 있는 환경을 제공하는 시설
상가	상업이 루어지는 건물
지식산업센터	제조업, 지식산업, 정보통신산업 및 지원시설이 입주하는 3층 이상 건축물

부동산 거래

① 매매

매매는 매도인이 재산권을 이전할 것을 약정하고 매수인이 그 대금을 지급할 것을 약정함으로써 성립되는 계약이다. 쉽게 부동산을 사고파는 것이다.

② 월세

월세는 부동산 임대의 한 종류로서 임대인과 임차인 간의 임대차 계약을 통해 집에 대한 권리를 빌리는 계약이다. 이에 대한 대가로 임차인은 임대인에게 월마다 일정 금액을 납부한다. 월세는 임대차보호법의 보호를 받으며 계약 시 기간이 정해지지 않은 경우 그 기간은 2년으로 본다.

※ 관련 용어
- 임대인 : 주택이나 상가 등을 타인에게 빌려주고 대가를 받는 사람
- 임차인 : 주택이나 상가를 빌리고 대가를 지불하는 사람

③ 전세

전세는 월세와 마찬가지로 부동산 임대의 한 종류로서 임차인이 임대인에게 전세금을 위탁하고 주택을 임차하며 계약 기간이 끝나면 전세금을 돌려받는 계약이다. 전세는 계약 기간이 끝나면 원금을 그대로 돌려주어야 하기에 임대인 입장에서 그 자체로 수익이 발생하지는 않지만, 주택 가격이 꾸준히 상승하는 상황 속에서 시세차익을 바라볼 수 있고, 임차인 입장에서는 매매에 비해 적은 비용으로 안전하게 주거공간을 마련할 수 있다는 장점이 있다.

④ 경매/공매

경매는 상품의 가격을 미리 정해두지 않고 입찰자가 희망하는 가격을 받아 가장 많은 금액을 부른 입찰자에게 판매하는 경쟁 거

래방식이다. 경매는 특성상 원래 가치보다 더 높은 가격 또는 낮은 가격에 낙찰되는 경우가 많다. 공매는 국제징수법에 의한 압류재산 또는 형사소송법에 의한 압수물 중 보관하기 어려운 물건을 국가기관이 강제 권한을 가지고 행하는 매매를 말한다. 공매 또한 경매와 같이 입찰방식에 의해 이루어진다.

부동산 거래

구분	내 용
매매	부동산을 사고 파는 계약
월세	월마다 일정 금액을 납부하는 임대차 계약
전세	보증금을 위탁하는 임대차 계약
경매	가장 많은 금액을 부른 입찰자에게 판매하는 경쟁 거래

부동산 수익구조

① 임대 수익

부동산으로부터 나오는 임대 수익은 부동산을 통해 수익을 달성하는 대표적인 방법이다. 임대차 계약을 통해 세를 주고 매월 정해진 임대료를 받는 방식이다. 임대 계약은 보통 장기 계약으로 이루어지기 때문에, 한번 세입자가 들어오면 안정적인 수익을 달성할 수 있다는 장점이 있으며, 반대로 공실이 발생하는 경우 관리비 등의 비용을 직접 부담해야 하며, 수익률이 크게 떨어진다는 특징이 있다.

② 시세차익 수익

시세차익을 통해 수익을 달성하는 방법은 일반적으로 알려진 부동산 수익구조에 해당한다. 경제성장과 더불어 인플레이션이 부동산에 반영되고 주변 입지가 개발되면서 발생하는 토지 및 건축물의 가치 상승을 통해 수익을 발생시키는 방법이다. 흔히 전세를 끼고 주택을 구매해 시세 상승을 노리는 갭투자, 건축물 인테리어를 통해 가치를 향상시키고 판매하는 리모델링 투자 등이 있다.

부동산 순환

부동산 시장은 급변하는 수요에 비해 공급이 원활하지 않다는 특징을 가지고 있다. 주택 공급은 장기 계획을 바탕으로 이루어지며, 준공되는 시간이 필요하므로 수요에 즉각적으로 대응할 수 없기 때문이다. 이러한 특징으로 인해 부동산 시장은 경제 순환 속에서 지나친 수요로 인해 급격한 호황이 발생하기도 하고, 반대로 지나친 공급으로 인해 급격한 침체가 이루어지며 부동산 주기를 형성하고 순환한다. 부동산 순환의 각 단계에 대해서 알아보자.

① 회복기

회복기는 침체된 부동산 시장 속 추가적인 주택 공급이 없는 상황에서 조금씩 부동산 시장이 회복되는 시기에 해당한다. 부동산 가격이 더 이상 떨어지지 않을 것이라는 인식이 확산되면서 부동산 매매에 대한 수요가 늘어나고 전세가가 상승하면서 매매가도 동반 상승한다. 또한 경기 침체로 인해 정부에서 부동산 시장을 활성화하기 위한 대출 규제 완화, 분양권 전매제한 해제, 세금 완화 등의 정책이 이루어진다.

② 확장기

확장기는 침체된 부동산 경제가 점차 활성화되면서 부동산 가격이 높아지는 시기에 해당한다. 또한 부동산 부양을 위한 정부의 규제 완화와 정책이 효과를 발휘하면서 부동산에 대한 수요가 증가하고 가격이 상승하는 시기이므로 전세가 아닌 주택에 대한 소유로 태도가 전환되며, 이에 따라 초과 공급으로 남아있던 주택 물량이 사라지고 수요가 공급을 초과하게 된다.

③ 후퇴기

후퇴기는 과도한 부동산 열기로 인해 거품이 형성되면서 부동산 가격이 고점을 찍고 다시 하향하는 시기에 해당한다. 높아진 부동산 가격으로 인해 금전적인 부담으로 전세가가 매매자보다 높아지는 역전세난이 발생하기도 하는 등 소유에서 전세로 태도가 전환되면서 부동산에 대한 수요가 급격히 감소한다. 지나친 수요로 인한 부동산 가격 상승을 막기 위해, 정부는 아파트 공급을 위한 계획 및 공사에 착수하고 대출 및 세금 등의 정책적인 규제가 적용된다. 아직 부동산 시장은 활성화되어있지만, 조금씩 침체되어 가는 시기에 해당한다.

④ 수축기

수축기는 부동산 가격이 하락하고 대출을 받으면서까지 주택을 소유했던 사람들이 시세 하락 및 이자 부담을 버티지 못하게 되면서 추가적인 매물이 계속해서 쏟아지는 시기에 해당한다. 정부의 주택 공급이 더 많은 공급을 초래하고 시장은 계속해서 침체된다.

⑤ 회복기(순환)

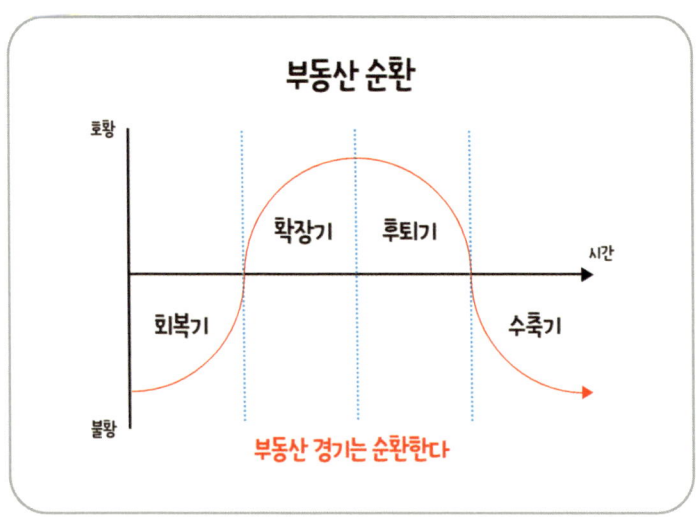

부동산 규제

부동산과 관련된 규제 정책은 실제 부동산 시장의 수요와 공급에 지대한 영향을 미친다. 따라서 부동산과 관련된 법률 및 규제에 대해 알아두어야 부동산 투자를 통해 발생할 수 있는 손실을 줄이고 얻을 수 있는 수익을 극대화할 수 있다.

① 대출 규제

대출 규제는 주택 매매에 가장 핵심적인 역할을 담당하는 대출을 규제함으로써 부동산 수요를 억제하는 방법이다. LTV, DTI, DSR 등 대출을 받을 수 있는 금액을 낮추고 조건을 더욱 까다롭게 만들어 부동산 시장을 억제한다.

※ 관련 용어

- LTV(Loan To Value)
: 주택을 담보로 돈을 빌릴 때 인정되는 자산가치의 비율로서 통상적으로 자산가치의 60%~70%의 비율로 산정된다.

- DTI(Dept To Income)
: 대출 상환액이 대출을 받으려는 사람 소득의 일정 비율을 넘지 않도록 제한함으로써 대출 한도를 정하는 방식이다.

- DSR(Dept Service Ratio)
: 전체 금융부채의 원리금 상환액과 대출을 받으려는 사람 소득의 비율로써 대출 능력을 판단하고 제한하기 위해 활용된다.

② 거래 규제

거래 규제는 거래 자체를 제한함으로써 수요를 억제하는 정책이다. 투기지역 지정, 분양권 전매제한 등을 통해 부동산 거래의 경쟁을 감소시킴으로써 거래를 규제한다.

※ 관련 용어
- 투기지역
: 부동산 가격이 급등하거나 급등할 우려가 있는 지역에 대해 양도소득세를 기준 시가가 아닌 실거래 금액으로 부과하도록 지정한 지역
- 분양권 전매제한
: 주택을 분양받은 후 일정 기간 동안 다른 사람에게 팔지 못하게 하는 제도

③ 조세 규제

조세 규제는 부동산에 부과되는 각종 세금에 영향을 미쳐 부동산 시장의 수요와 공급을 조절하는 정책이다. 다주택자에게 양도세를 중과하여 공급을 유도하고 취득세를 면제시켜주거나 낮추어 수요를 활성화시키는 것 등이 해당된다.

④ 공급 규제

공급 규제는 주택 공급을 직간접적으로 제한하는 정책으로 분양가 상한제, 재건축 추가이익 환수제 등으로 공급자의 수익을 제한함으로써 공급을 조절한다.

※ 관련 용어

- 분양가 상한제

: 공동 주택의 분양가를 산정할 때 일정한 분양가를 산정하고 그 가격 이하로 분양하도록 하는 제도

- 재건축 추가이익 환수제

: 부동산 재건축 사업으로 인한 지나친 부동산 가격 상승을 막기 위해 초과이익에 대해 최대 50%까지 개발부담금으로 환수하는 제도

부동산 규제

구분	내 용
대출규제	주택 구입시 가능한 담보대출 비율을 규제(LTV, DTI, DSR)
거래규제	투기지역 지정, 분양권 전매제한 등을 통한 거래 규제
조세규제	부동산 관련 세금 상향/하향을 통한 수요/공급규제
공급규제	분양가 상한제, 재건축 추가이익 환수제 등을 통한 공급 규제

부동산 관련 세금

부동산 거래에는 반드시 세금이 따라온다. 세금은 수익을 감소시키고 경우에 따라 오히려 손해를 발생시키는 요소로 작용하기도 한다. 부동산과 관련된 세금에 대해 알아보자.

① 취득세

부동산을 취득하는 것에 대해 부과되는 세금이다. 취득세는 부동산을 취득한 날부터 60일 이내에 신고 및 납부하여야 하며, 정책에 따라 소유한 부동산 수에 따른 세율이 적용된다.

② 재산세

재산세는 6월 1일을 과세 기준일로 하여 부동산을 소유하고 있는 사람에게 부과되는 세금이다. 재산세 납부금액은 공시가격에 공정시장가액비율을 곱한 금액으로 과세표준을 결정하고 세율을 적용한다.

※ 관련 용어
- 공시가격
: 정부가 조사 및 산정하여 공시하는 가격
- 공정가액비율
: 세금 부과 대상이 되는 적정한 금액 산정을 위해 공시가격에 적용하는 비율

③ 종합부동산세

종합부동산세는 6월 1일을 과세 기준일로 하여 일정 기준을 초과하는 주택과 토지 소유자에게 별도로 누진세율을 적용해 부과하는 세금이다. 주택 과세는 6억 원 초과를 대상으로 하며, 1세대 1주택자는 9억 원을 기준으로 한다. 과세표준은 공시가격 합계액에 기본 공제액을 뺀 금액에 공정가액비율을 곱한 금액으로 산출하고 세율을 적용한다.

④ 양도소득세

양도소득세는 자산을 양도함으로써 발생하는 이익에 대해 부과하는 세금이다. 투기로 인한 불로소득과 개발이익의 일부를 환수함으로써 소득을 재분배하고 부동산 가격을 안정화시키는 것에 목적이 있다.

부동산 세금

구분	내 용
취득세	부동산 취득 시 부과하는 세금
재산세	매년 6월 1일을 기준으로 부동산 소유자에게 부과하는 세금
종합부동산세	매년 6월 1일을 기준으로 일정 기준 초과주택/토지 소유자에게 부과하는 세금
양도소득세	자산을 양도함으로써 발생하는 이익에 부과하는 세금

투자 방법

① 직접거래

부동산을 직접 거래하는 방식은 부동산에 투자하는 가장 대표적인 방법이다. 흔히 부동산 주변의 공인중개사 사무실이나 어플리케이션을 통한 중개인을 통해 거래하는 방식이다. 직접거래가 이루어지고 부동산의 가격이 높은 만큼 많은 투자금액이 필요하며, 여러 규제가 적용되는 만큼 행정적인 절차가 요구된다.

② 간접투자

부동산 자산에 간접적으로 투자하는 방법이다. 부동산 거래에 대한 전문지식이 부족하더라도 쉽게 접근할 수 있는 투자 방식이다. 부동산과 관련된 간접투자 상품으로는 리츠(Reits), 부동산 펀드, 글로벌 리츠 ETF, 해외 상장 리츠 및 관련 ETF 상품 등이 있다.

2) 달러/금

달러와 금은 여러 자산 중에서 가장 안전하다고 평가되는 자산이다. 세계 화폐의 기준인 달러, 희소성을 통해 가치를 평가받는 금의 속성은 이전부터 세계 경제에 막대한 영향을 행사했으며, 경제가 발전하며 여러 국가 및 다양한 자산들과 복잡한 금융관계를 형성하게 되면서, 재테크의 수단으로 활용되고 있다.

기축통화 : 달러

달러는 미국에서 발행하는 화폐를 말한다. 하지만 달러는 단순히 미국의 화폐 단위뿐만 아니라 세계에서 공통적으로 활용되는 기축통화로서 세계 경제를 순환시키는 핵심 역할을 담당한다. 대한민국에서 '원'이라는 화폐가 거래의 기준인 것과 같이 세계에서 국가 간의 거래가 이루어질 때에는 달러가 화폐의 기준이 된다.

기축통화가 되기 위해서는 발행 국가의 군사적, 경제적, 외교적 영향력이 입증되고 신용과 통화량이 충족되어야 한다. 이러한 측면에서 미국은 기축통화인 달러를 발행하고 유통시킴으로써 전 세계 경제를 주도하고 이끄는 핵심 역할을 담당한다.

트리핀 딜레마

미국의 달러가 기축통화라는 사실은 미국 경제와 미국을 제외한 다른 국가 경제 간 반대되는 경제 상황을 만들어낸다. 세계 기준 화폐인 달러가 미국 내에서 순환할수록 미국의 경제는 활성화되지만, 미국을 제외한 다른 국가의 경제는 침체된다. 반대로 달러가 기축통화의 역할을 하기 위해서는 통화량이 세계로 공급되어야 하는데, 달러가 미국 외부에서 순환하면 미국을 제외한 다른 국가들의 경제는 활성화되지만, 유통량이 많아질수록 희소성이 감소하므로 달러의 가치는 하락하고 발행 국가인 미국의 경제는 침체되는 딜레마에 빠지게 된다. 이러한 기축통화 발행국과 그 외 국가 사이에 발생하는 화폐 구조의 모순적인 현상을 트리핀 딜레마라고 한다.

그래서 미국은 국제거래를 통해 일부러 적자와 흑자를 전환하면서 세계에 유통되는 달러의 양을 조절한다. 그리고 유통되는 달러의 양을 조정하는 과정 속에서 세계 경제의 호황과 불황이 결정된다. 미국이 세계를 주도하는 패권 국가인 이유는 단순히 군사적으로 가장 강한 국가이기 때문만이 아니라 세계 시장 속의 거래 단위인 기축통화를 발행하며 경제 질서를 유지할 수 있는 힘을 가지고 있는 국가이기 때문이다.

과거 미국의 전쟁이 국가 간의 이데올로기적인 패권싸움이었다면, 지금 일어나고 있는 미국의 전쟁 및 외교적인 분쟁들은 모두 기축통화인 달러의 위상을 방어하며 세계 경제를 좌우할 수 있는 입지를 유지하고 견고히 하는 것에 목적이 있다는 특징이 있다. 그래서 다른 나라임에도 불구하고 전 세계가 미국의 정책 및 대통령의 말과 행동 하나에 엄청난 영향을 받고 있는 것이다.

세뇨리지 효과

세뇨리지 효과는 기축통화를 발행하는 국가가 가지는 경제적인 이익이다. 기축통화국이기 때문에, 적자가 발생하더라도 화폐를 발행하여 이를 메워나갈 수 있고 화폐를 발행하는 과정에서 화폐가 가지는 교환가치에서 발행비용을 **뺀** 만큼 이익이 추가적으로 발생하는 것을 일컫는 용어다. 예를 들어 5만 원 권을 발행하는데 발생하는 비용이 1천 원이라면, 발행자는 4만 9천 원의 경제적인 이득을 볼 수 있게 되는 것이다. 세뇨리지 효과의 원리는 백화점의 상품권 발행, 업체의 기프티콘 발행 등에도 적용된다.

기축통화인 달러가 세계에 유통되고 미국이 적자와 흑자를 전환하는 과정 속에서는 미국의 추가적인 화폐 발행이 함께 이루어진다. 그리고 발행된 화폐는 화폐가치를 떨어뜨려 인플레이션을 유도한다. 미국을 중심으로 세계의 통화량이 계속해서 증가하고 그 결과 자산의 가격이 우상향하는 경제 구조가 자연스럽게 확립되어있는 것이다.

가치 있는 금속 : 금

금은 화학적으로 매우 안정되어 다른 물질과 화학반응을 거의 하지 않아 부식되고 녹슬지 않으며, 전성과 연성이 뛰어나 가공하기 쉽고 피부에 닿아도 해가 없다는 특징이 있다. 그래서 금은 이전부터 장신구 및 귀금속으로 널리 활용되었으며, 전자제품, 치아용 재료로 사용되기도 하는 등 활용성이 높은 자산이다.

이처럼 금의 활용성, 희소성, 영속성으로 인해 금은 사람들에게 이전부터 가치가 매우 높은 금속으로 여겨졌으며, 현재에도 대표적인 재테크 수단이자 안전자산으로 인정받고 있다.

금본위제도

금본위제도는 일정량의 금과 달러의 가치를 동일하게 유지했던 과거 제도를 말한다. 금본위제도는 달러가 금을 보증하였기 때문에 달러의 가치를 보전할 수 있었고, 달러를 새로 찍어내는 것 또한 제한되었지만, 세계의 경제 호황과 함께 미국의 적자가 심화되는 상황 속에서 금본위제도는 폐지되고 미국이 추가적인 화폐를 발행하기 시작하면서 현재의 화폐 구조가 새롭게 구축되었다.

패트로 달러

　　패트로 달러는 금본위제도가 폐지되고 달러 유통량이 증가하면서 달러의 가치가 하락하는 것을 막기 위해 미국이 당시 최대 산유국이었던 사우디아라비아와 협약하여 만들어낸 시스템이다. 모든 산업의 기반이 되는 핵심 자원인 석유를 달러로만 결제하게 만듦으로써 전 세계가 달러를 쓸 수밖에 없는 환경을 만들어 달러의 가치를 보존하고, 달러를 순환시켜 화폐 유통에 따른 미국의 경제 적자까지도 해결할 수 있는 방법을 고안한 것이다.

　　패트로 달러 시스템이 구축됨으로써 미국은 달러의 순환 시스템을 만들게 되었다. 다른 국가들과의 무역 적자를 통해 유출된 달러는 석유 거래를 통해 사우디에 모이게 되고 미국은 사우디에 정치적인 후원과 함께 핵심 군사 장비를 판매하고, 사우디는 미국에게 석유를 공급하고 미국 국채를 구입하며 사우디에 모인 달러를 다시 미국으로 유입시킬 수 있게 된 것이다. 중동지방은 정치적, 종교적인 분쟁이 매우 활발한 지역으로 사우디는 패권 국가인 미국의 정치적, 군사적 지원을 받을 수 있어 패트로 달러 시스템을 통해 미국과 사우디 모두 서로에게 이득이 되는 관계를 구축하게 되었다고 볼 수 있다.

　　미국은 패트로 달러 시스템을 통해 기축통화인 달러의 위상을 유지하며 원유시장에 막대한 영향력을 행사할 수 있게 되었고 그 결과 군사력, 세계 경제를 결정하는 기축통화와 더불어 석유에 대한 통제권까지도 얻게 되면서, 세계 패권 국가로서의 위상을 더욱 견고히 하게 되었다.

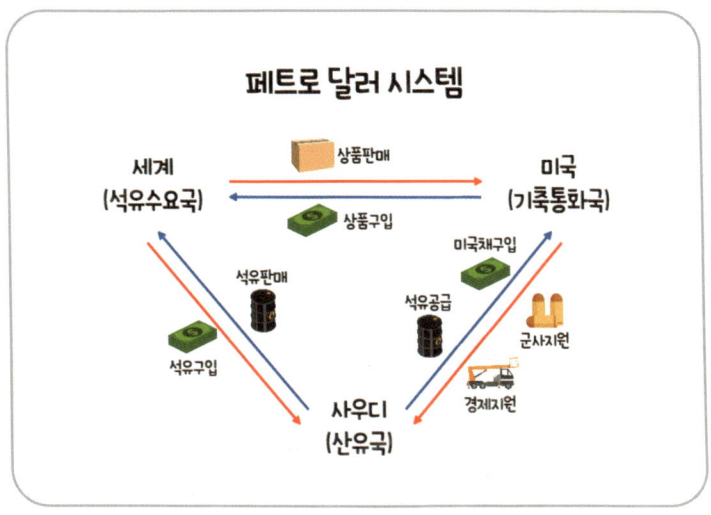

셰일가스

셰일가스는 퇴적암인 셰일이 형성하는 지층에 포함되어 있는 천연가스와 석유를 말한다. 셰일가스의 존재는 이전부터 알려져 있었지만, 이를 추출할 수 있는 기술이 없었던 상황에서 미국이 셰일가스를 추출할 수 있는 기술을 개발하면서 본격적인 셰일가스 추출이 시작되었다. 전 세계의 셰일가스는 세계에 고루 분포하고 있으며 미국과 중국에 매장량이 가장 많고, 계속해서 기술이 발전하면서 셰일가스의 에너지 경쟁력이 높아질 것으로 예측된다.

셰일가스 기술의 발전으로 미국은 본격적인 셰일가스 생산 및 판매를 통해 달러를 직접 유입하고 에너지 자원 경쟁에 참여할 수 있는 여건이 마련되었으며, 중국 등 다른 국가에서 셰일가스를 기반으로 새로운 에너지 경제 질서가 확립될 가능성이 생겼다는 것에 시사점이 있다.

셰일가스 주요 매장국 (추정)

1. 중국(306억톤)
2. 아르헨티나(185.8억톤)
3. 멕시코(163.4억톤)
4. 남아공(116.4억톤)
5. 미국(115.7억톤)

출처 : 미국 에너지정보청

투자 방법

① 달러

달러에 투자하기 위해서는 은행에서 직접 달러를 구매하거나 달러 통장 및 예금 계좌를 개설하고, 달러와 연동된 금융상품인 달러 ETF 등을 통해 투자하는 방법이 있다. 달러 수익은 국가 간 통화의 환율에 따라 영향을 받기에 수익을 보기 위해서는 환율까지도 고려해서 투자 및 환매 시점을 결정해야 한다.

② 금

금은 대표적인 안전자산으로서 경제가 불안하거나 침체될 경우 이를 방어하기 위한 투자 대안으로 활용된다. 금 또한 인플레이션이 반영되므로 가치가 계속해서 우상향한다는 특징이 있으며, 금 투자를 적절하게 활용하면 경기가 불황인 상황에서도 수익을 낼 수 있다.

금을 투자하는 방법으로는 현물거래, 금 ETF, KRX 거래소 거래 등이 있으며, 이 중에서도 KRX 거래소는 정부 주도로 설립된 국가 공인 금 시장으로 증권사를 통해 거래가 가능하며, 1g 단위로 금을 구매할 수 있고 부가가치세 면제, 양도/배당소득세 비과세, 금융종합과세 비대상 등의 혜택이 부여되어 금을 투자하기 가장 유리한 조건을 갖추고 있다.

금 투자 방법

구분	장점	단점
골드바 매입	보유세를 내지 않음	분실 위험, 부가가치세, 매매수수료
금통장 개설	은행을 통해 가입 용이 0.01g 단위 거래 가능	매매차익에 대한 배당소득세, 매매수수료 및 부가가치세
KRX금시장	1g 단위 거래 가능 양도소득세, 부가가치세 면제	전용계좌 개설 필요 실물 인출시 수수료, 부가가치세
금펀드	소액 투자 가능	펀드 수수료, 배당소득세
금ETF	연금계좌 내 ETF의 경우 비과세	배당소득세, 보수수수료, 거래수수료

3) 금리/환율

금리

금리는 돈에 붙는 수익으로 이자라고 불리는 개념이다. 금리는 경제를 순환시키는 화폐와 신용(대출)에 영향을 미쳐 경제 전체에 영향을 끼친다. 대한민국의 기준금리는 한국은행이 물가 동향, 국내외 경제 상황, 금융시장 여건 등을 종합적으로 고려하여 기준금리를 결정하며, 이렇게 결정된 기준금리는 예금 및 대출금리 등의 변동으로 이어져 실물경제활동에 영향을 미친다. 금리가 실물경제에 미치는 과정을 알아보자.

1) 기준금리가 오르면 은행 예금 및 대출 이자가 모두 오른다. 이에 따라 사람들은 소비보다 저축을 선호하게 되고 기존에 받은 대출을 상환하기 위해 노력하게 된다. 결과적으로 시장에 유통되는 통화가 은행으로 몰리면서 통화량이 감소하게 되므로 구매가 감소하고 투자 또한 감소한다.

2) 통화량의 감소로 인한 구매 및 투자의 감소는 주식, 채권, 부동산 등에 대한 수요를 감소시켜 자산가치의 하락과 함께 경기침체를 유발한다.

3) 기준금리가 낮아지면 은행 예금 및 대출 이자가 모두 낮아진다.

이에 따라 사람들은 저축보다 소비를 선호하게 되고 낮은 이율로 대출을 받을 수 있어 추가 대출을 받거나 상환을 유예하게 된다. 결과적으로 시장에 유통되는 통화가 증가하며, 구매가 증가하고 투자 또한 증가한다.

4) 통화량의 증가로 인한 구매 및 투자의 증가는 주식, 채권, 부동산 등에 대한 수요를 증가시켜 자산가치의 상승과 함께 경기 호황을 유발한다.

이러한 원리를 통해 중앙은행은 금리를 조절함으로써 시장 상황의 인플레이션 및 디플레이션을 조절한다.

또한 금리는 외화의 유통량을 조정하기 위해 활용되기도 한다. 금리는 개발도상국에서 선진국으로 갈수록 점차 낮아진다는 특징이 있는데, 개발도상국의 금리가 높은 이유는 국가 내 자체적인 산업 경쟁력이 높지 않기에 외화의 유입을 통해 통화량을 증가시키기 위함이다. 예를 들어 자국의 예금 금리가 1%지만, 다른 개발도상국의 예금 금리가 7%로 형성된다면, 단순하게 계산해도 6% 더 큰 이자 수익을 볼 수 있으므로 통화가 몰리는 것이다. 반대로 선진국의 경우, 이미 산업기반이 조성되어 있는 상태이기 때문에 금리를 높임으로써 얻는 외화 유입의 효과보다 금리 상승으로 인한 내수 경제의 침체가 더 크게 작용하고 금리를 낮춤으로써 얻는 내수 경제의 활성화가 경제에 더욱 효과적이므로 금리는 선진국

반열에 진입할수록 낮아지는 형태를 보인다.

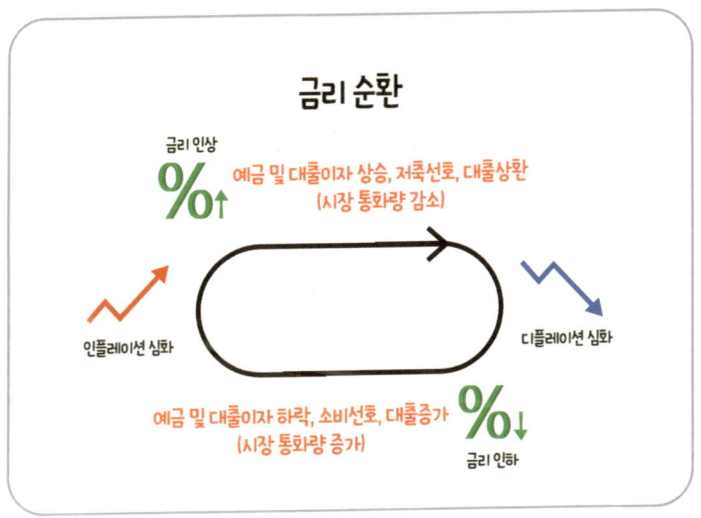

양적 완화/긴축

양적 완화 및 긴축은 금융시장이 정상적으로 작동하지 않을 때, 중앙은행이 직접 개입하여 통화량을 공급 및 감소시키는 통화정책이다. 시장 통화량을 조절함으로써 경제를 확장시키고 수축시키기 위해 활용된다.

통화량을 증가시키는 양적 완화 방법은 중앙은행이 화폐를 발행한 후 그 화폐를 통해 국채를 매입하는 방식으로 이루어진다. 반대로 양적 긴축은 국채의 만기가 도래하면 자연스럽게 다시 환입되므로 완화된 상태를 유지하기 위해 채권을 다시 매입하거나, 매입하는 양을 조절함으로써 통화량을 조정한다.

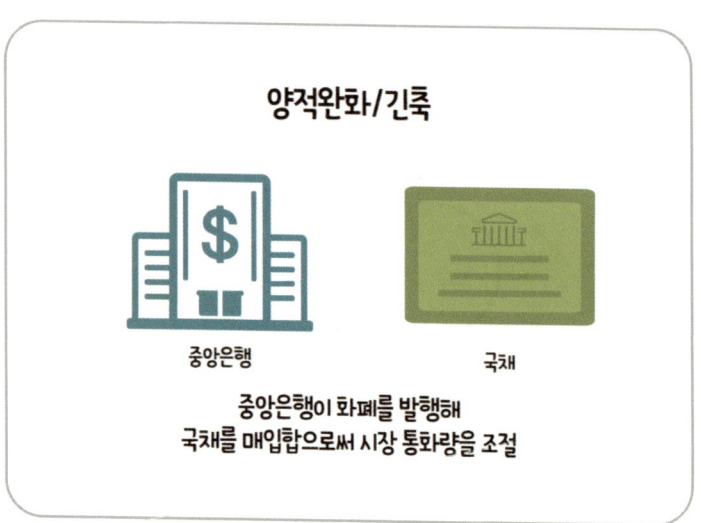

환율

환율은 통화 간의 교환 비율을 말한다. 즉 환율에 따라 통화의 교환 비율이 달라지는데, 예를 들어 한화의 가치가 높아지면, 다른 화폐는 가치가 상대적으로 낮아지므로 환율은 감소하며, 반대로 한화의 가치가 낮아지면 다른 화폐의 가치가 상대적으로 높아지므로 환율은 증가한다. 환율의 높고 낮음은 기축통화인 달러를 기준으로 한다.

달러는 시장에 유통되는 달러의 양이 많으면 가치가 낮아지며, 반대로 유통량이 줄어들면 가치가 높아진다. 국제 무역에서 수입이 증가하고 수출이 감소하는 경우, 무역 적자가 발생하여 경제는 수축되며, 달러의 유출이 더욱 심해지므로 달러의 가치 또한 높아진다. 반대로 수출이 증가하고 수입이 감소하면, 무역 흑자가 발생하여 경제는 확장되고, 달러가 유입되는 만큼 달러의 가치는 낮아진다. 이러한 순환 속에서 환율은 자연스럽게 적정한 비율을 유지하게 된다.

석유

석유는 현대 사회에서 산업의 핵심적인 역할을 담당하고 있는 자원으로 환율에 큰 영향을 미치는 요인이다. 석유는 동력을 위한 연료로 사용되는 것뿐만 아니라 플라스틱, 아스팔트, 바셀린 등 각종 화학물질 제조에 자원으로 활용되어 제조 및 생산업에도 매우 중요한 역할을 하고 있기 때문이다. 지하자원이 없어 모든 자원을 수입에 의존하는 우리나라의 경우 석유의 가격변동은 경제 전반에 큰 영향을 끼친다. 석유 가격이 올라가면, 제품 원자재 가격이 높아지므로 물가가 상승하게 되고, 수출에 악영향을 끼쳐 국내 달러가 감소하면서 달러 가치가 높아져 환율이 증가한다. 반대로 석유 가격이 내려가면, 제품 원자재 가격이 낮아져 물가가 하락하고, 수출이 증가하면서 달러 가치가 낮아지고 환율이 감소한다. 이처럼 국가 경제는 통화량, 금리, 원자재, 정책 등 다양한 변수가 동시다발적으로 작용하며 변동하고 순환한다.

4) 가상화폐

　　가상화폐는 2010년도에 들어서부터 주목받고 있는 기술이자 투자자산이다. 기존의 화폐가 중앙은행에 의해 발행되어 중앙집권적인 형태로 관리된다는 점, 필요에 따라 계속해서 찍어내는 화폐로 인해 인플레이션이 유발되는 문제를 해결하고자 기존의 화폐체계에 의문을 제기하며 블록체인 기술을 결합하여 만들어진 가상의 화폐체계다.

　이러한 특징으로 인해 가상화폐는 만들어질 때 화폐량이 사전에 정해져 있고, 발굴된 모든 화폐가 암호화되어 관리되므로 해킹 및 무단복제와 관련해서 보안이 철저하다는 특징이 있다. 새로운 기술을 접목한 새로운 화폐에 대한 기대로 가상화폐에 대한 수요가 증가하면서 현재는 각 국가의 금리 및 정책 이슈, 경제 상황에 대응하기 위한 투자의 한 방법으로서 인정받고 있다.

　가상화폐가 실제 화폐로 활용되기 위해서는 그 가격에 안정성이 확보되어야 하지만, 실제 가격의 변동성이 매우 커 화폐로서 안정성 부분을 충족시키지 못하고 있다는 점이 문제점으로 지목되고 있으며, 보안 또한 화폐 자체가 아닌 거래소 등에 대한 해킹, 거래소의 조작 등으로 보안 문제에서 완전히 벗어날 수 없다는 문제가 있다. 또한 기존의 화폐 시스템의 문제점을 해소하고자 하는 취지로 만들어진 개념인 만큼, 화폐 시스템과 경쟁이 이루어지면서 견제를 받기도 한다.

가상화폐는 비교적 최근에 발전한 기술이고 투자자산으로서 주목받기 시작한 지도 얼마 되지 않았기 때문에, 가상화폐에 대한 인식 및 정책 등에 대해 다양한 논의가 이루어지고 있는 상황이다. 따라서 가상화폐는 기술에 대한 기대와 문제점, 그리고 각국의 정책과 맞물려 앞으로 변동성이 매우 클 것으로 예상된다.

5) 세금

　　세금은 국가나 지방자치단체가 필요한 경비를 위해 강제적으로 징수하는 금액이다. 국가 및 지방자치단체는 개인 및 법인의 소득, 재산, 소비 등의 모든 과정에 세금을 부과함으로써 재원을 충당하며, 과세 대상자 및 재화의 특징과 성격에 따라 차등적으로 세율을 적용하고 징수한다. 세금은 국가의 복지 실현을 위해 선진국으로 갈수록 점차 부담이 커진다는 특징이 있다.

과세표준

　　과세표준은 세금을 부과하는 기준금액이다. 과세구간 및 종류에 따라 다른 과세표준을 적용하며, 항목에 따라 소득공제 및 세액공제를 받을 수 있다. 대표적인 과세표준 기준을 알아보자.

① 종합소득세

종합소득세

과세표준	세율
1,200만원 이하	6%
1,200만원 초과 ~ 4,600만원 이하	15%
4,600만원 초과 ~ 8,800만원 이하	24%
8,800만원 초과 ~ 1억 5천만원 이하	35%
1억 5천만원 초과 ~ 3억원 이하	38%
3억원 초과 ~ 5억원 이하	40%
5억원 초과 ~ 10억원 이하	42%
10억원 초과	45%

② 법인세

법인세

과세표준	세율
2억원 이하	10%
2억원 초과 ~ 200억원 이하	20%
200억원 초과 ~ 3,000억원 이하	22%
3,000억원 초과	25%

③ 상속세/증여세

상속세/증여세

과세표준	세율
1억원 이하	10%
1억원 초과 ~ 5억원 이하	20%
5억원 초과 ~ 10억원 이하	30%
10억원 초과 ~ 30억원	40%
3억원 초과	50%

연말정산

연말정산은 근로자를 대상으로 월급을 지급할 때 세금을 먼저 원천징수하고 연말에 실소득 및 소비를 통해 계산된 세액보다 많은 세금을 냈으면, 그만큼 돌려주고, 적게 거뒀으면 더 징수하는 절차다. 총급여에서 근로소득공제, 인적공제, 연금보험료공제, 특별소득공제 등을 적용하여 종합소득 과세표준 및 산출세액을 계산하고, 세액공제 항목을 적용하여 결정된 세액을 기존에 원천징수한 세액과 비교하여 환급 또는 추가 징수하는 것이다.

연말정산 절차

1. 연봉(급여+상여금+수당) - 비과세소득 = **총급여액**
2. 총급여액 - 근로소득공제 = **근로소득금액**
3. 근로소득금액 - 소득공제 = **과세표준**
4. 과세표준 x 세율 - 세액공제 = **결정세액**
5. 기납부세액(원천징수) - 결정세액 = **차감징수세액(환급)**

소득공제 및 세액공제

  소득공제는 과세 대상이 되는 소득에서 일정 금액을 공제하여 주는 것으로 납세자의 세금부담을 덜어주는 것에 목적이 있다. 그리고 세액공제는 납세의무자가 부담하는 세액 중에서 세금을 공제해주는 것으로 이중과세 또는 세부담 경감 등을 위해 적용된다. 합리적인 금융 생활을 위해서는 적용받을 수 있는 소득공제 및 세액공제를 알아야 하며 이를 적용받을 수 있는 금융상품을 활용함으로써 세금부담을 줄이고 추가적인 현금흐름을 만들어낼 수 있다. 세금혜택을 받을 수 있는 금융상품에 대해서 알아보자.

공제 상품

① 개인종합자산관리계좌(ISA)

개인종합자산관리계좌(Individual Savings Account), 즉 ISA는 여러 금융투자 상품을 운용할 수 있는 계좌로서 비과세 혜택을 부여하는 상품이다. ISA 하나의 계좌 내에서 예/적금, 펀드, 주식, 파생결합증권 등에 자산을 운용하면서 발생하는 세금에 비과세 혜택을 받을 수 있기에 이를 가입함으로써 세금 혜택을 적용받을 수 있다. 같은 투자를 하더라도 ISA 계좌를 활용하면 실제 수익률이 더욱 높아지는 효과가 발생하는 것이다.

ISA 계좌의 비과세 혜택은 직전 과세기간 급여액이 5천만 원 이하인 경우 400만 원, 5천만 원 이상인 경우에는 200만 원까지 비과세 혜택을 받을 수 있으며, 비과세 대상의 초과분은 9.9%의 분리과세를 적용받을 수 있다.

ISA 계좌는 은행 또는 증권사에서 가입이 가능하다. 계좌 의무 가입 기간은 3년이며, 연간 납입 한도는 2천만 원이고 한도를 채우지 못한 경우 잔여 금액은 다음 연도로 이월된다. 납입 원금에 대해 중도인출이 가능하므로 상대적으로 유동성 측면에서 계좌를 유지하기가 쉽다는 장점이 있다.

ISA 계좌

구분	내 용
설명	다양한 금융상품에 투자가능한 개인종합자산관리계좌
납입한도	연 2,000만원
투자가능 금융상품	주식, 펀드, 파생결합증권, 예적금
의무가입기간	3년
비과세	200만원 한도
저율분리과세	9.9%
특징	이익과 손해를 합산 후 순이익에만 과세

② 개인형 퇴직연금(IRP)

개인형 퇴직연금은 근로자가 이직하거나 퇴직할 때 받는 퇴직급여를 기존의 확정급여형(DB) 및 확정기여형(DC) 제도와 다르게 본인 명의 계좌로 적립하여 개인이 직접 관리할 수 있도록 만든 퇴직연금 제도다. IRP 계좌는 연간 1천 800만 원까지 납입이 가능하며, 연금저축을 포함하여 700만 원 한도로 납입 금액의 13.2%, 총급여 5천 500만 원, 종합소득금액 4천만 원 이하는 16.5% 한도로 세액공제를 받을 수 있다.

IRP 계좌는 퇴직연금을 위한 재원이므로 중도인출이 어렵다는 특징이 있다. 따라서 IRP 계좌를 활용할 때에는 세액공제를 받기 위해 700만 원을 반드시 채우려고 하기보다는 현금흐름의 유동성을 고려하여 개인에 맞는 적정금액을 적립하는 것이 좋다.

※ 관련 용어
- 확정급여형(DB) : 근로자가 받을 퇴직급여가 사전에 정해진 제도, 퇴직금 운용의 주체는 사용자
- 확정기여형(DC) : 회사가 부담할 금액이 사전에 정해진 제도, 근로자가 원하는 방식으로 자금 운용 및 수령 가능하며, 운용 수익에 따라 퇴직금이 변동됨

퇴직연금

구분	DB형	DC형	개인형 IRP
수령금액	정해진 금액	투자 수익에 따라 변동 가능	
수령조건	55세 이상 / 퇴직 IRP 이전 가능		55세 이상
적립금 운용주체	기업	근로자	
추가납입	불가능	조건부 가능	
중도인출	불가능	조건부 가능	

③ 주택청약

주택청약은 아파트 청약 자격이 주어진 금융상품이다. 청약통장에 가입한 기간과 납입 횟수, 납입 금액 등에 따라 청약 시 우선 순위를 배정받을 수 있어 지금은 내 집 마련을 위해 필수로 가입해야 하는 상품으로 자리 잡게 되었다.

주택청약통장을 통해 청약 가능한 주택의 종류는 국민주택, 민영주택 등이 있으며 입주자를 뽑는 방식은 일반 공급의 경우 추첨에 의해 이루어지는 추첨제와, 무주택 기간, 부양가족 수, 청약통장 가입 기간의 점수 총점이 높은 순서로 주택을 분양하는 가점제로 구분된다.

• 무주택 기간

무주택 기간은 만 30세부터 산정하여 기본 2점으로 시작하여 1년마다 2점씩 가산되고 최대로 인정되는 점수는 15년 차인 32점을 만점으로 계산한다.

• 부양가족 수

부양가족 수는 입주자 모집공고일 기준으로 주민등록등본에 기재된 직계존비속의 숫자로 기본 5점으로 시작하여 최대로 인정되는 점수는 6명까지 35점을 만점으로 계산한다.

• 가입 기간

청약통장 가입 기간은 기본 1점으로 시작하여 6개월이 지나면 2점, 이후 1년마다 1점씩 추가된다. 최대로 인정되는 점수는 15년 차인 17점을 만점으로 한다. 단 만 19세 이전의 가입 기간은 최대 24개월까지만 인정된다.

특정 계층에서 당첨자를 선정하는 특별공급 제도는 신혼부부, 생애최초 주택 구입자, 다자녀 가구 등에 해당되는 대상자를 대상으로 분양이 이루어지는 것으로 현실적으로 일반 공급을 통해 분양받기 어려운 특정 계층에게 제공한다.

주택청약은 내 집 마련을 할 수 있는 좋은 제도이지만, 대상 아파트에 대한 충분한 조사 및 경제적 준비가 되어있지 않아 당첨되었음에도 계약을 하지 못하는 상황이라면 당첨권을 포기해야 한다. 이런 상황이 발생하면 청약통장 점수를 처음부터 다시 쌓아야 하고 지역에 따라 일정 기간 동안 재당첨이 금지되는 경우도 생기기에 마구잡이식의 청약 신청은 지양해야 한다.

주택청약종합저축은 국내 거주자인 개인이라면 나이, 자격 등에 상관없이 개설이 가능하며 1인당 1개의 계좌만 개설이 가능하고 매월 2만 원 이상 50만 원 이내에서 부금이 이루어져야 한다.

또한 연말정산 시 연간 납입 금액 240만 원 한도로 40%인 96만 원까지 소득공제가 가능하다. 따라서 납입 금액을 설정할 때에는 소득공제를 목적으로 한다면 월 20만 원 이상을 넣을 필요는 없으며, 중도 출금을 위해서는 해지를 해야만 하고 해지하게 될 경우 처음부터 점수를 다시 쌓아야 하므로 너무 많은 금액이 계좌에 묶여 유동성을 잃는 상황이 생기지 않도록 해야 한다.

④ 연금저축

연금저축은 개인이 노후를 직접 대비할 수 있는 금융상품이다. 연금저축은 납입한 금액을 일정한 방식으로 적립하면서, 세액공제의 혜택을 부여하고 차후에 연금수령 또는 일시금 수령 시 과세하는 과세이연 상품으로 세금부담을 현재가 아닌 나중으로 미루는 상품이다. 이는 세액공제가 없는 대신 10년 이상 유지할 경우 세금을 비과세하는 보험사의 연금보험 상품과 구분된다.

연금저축은 은행에서 가입할 수 있는 연금저축신탁과, 증권사에서 가입할 수 있는 연금저축펀드, 보험사에서 가입할 수 있는 연금저축보험으로 분류되며, 금융회사 간 이전이 가능하다. 또한 연금저축의 세액공제 금액은 연간 400만 원까지 총급여 5천 500만 원, 종합소득금액 4천만 원 이하는 16.5% 한도, 이상은 13.2% 한도로 세액을 공제받을 수 있다.

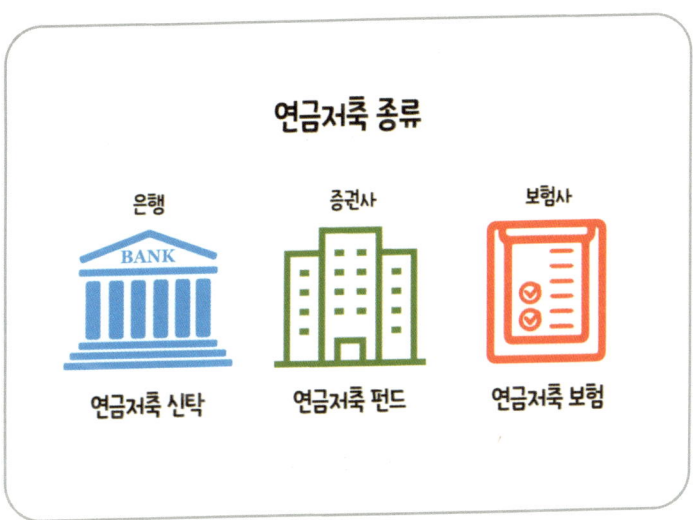

　연금저축을 잘 활용하면 세액공제를 받으면서 세금을 뒤로 미룰 수 있다. 중도해지 등 연금수령 요건을 갖추지 못하는 경우 기타소득세(16.5%)로 분리과세되며, 연금으로 수령할 경우 나이에 따라 3.3%~5.5%의 세율이 적용되고 연금소득이 1천 200만 원 이상인 경우에는 종합소득으로 합산하여 과세한다. 또한 중도해지가 어려우며 중도 해지할 경우 그동안 세액공제를 받은 보험료 총액에 대해 16.5%의 기타소득세가 과세된다.

※ 연금보험

연금보험은 연금저축과 구분되는 보험사의 금융상품으로 세액공제가 아닌 일정 조건을 충족 시 비과세 혜택을 받을 수 있는 상품이다. 연금저축과 같이 세액공제 혜택은 없지만, 거치식의 경우 1억 원 이하, 적립식의 경우 월 150만 원 이하 내 5년 납 이상, 10년 이상 유지할 경우 이자소득 및 연금에 대한 비과세 혜택을 받을 수 있다.

연금저축/연금보험 비교

구분	연금저축	연금보험
금융기관	은행, 증권사, 보험사	보험사
세액공제	연 400만원 한도 최대 16.5% (소득, 나이에 따라 변동)	없음
비과세	연금소득세 납부(3.3~5.5%)	10년 이상 유지시 비과세
연금수령	55세 이상	45세 이상

증여/상속 공제

현재 우리나라는 부모와 자식 간에 증여와 상속이 활발하게 이루어지고 있다. 특히 우리나라는 증여, 상속과 관련된 세액이 매우 높은 편이라 세금을 공제받을 수 있는 조건에 대한 기본적인 사항들을 알아둘 필요가 있다.

증여/상속 공제

구분		증여 공제금액	상속 공제금액
기초공제		없음	2억
일괄공제			5억
배우자		6억원	5억(5억 이하), 30억(5억 이상)
자녀	성년	5천만원	5천만원
	미성년	2천만원	1,000만원 x 19세 잔여연수
기타		5천만원(직계비속) 1천만원(기타친족)	5천만원(연로자) 1,000만원 x 기대여명연수(장애인)

6) 경제 순환 및 경제위기

경제 순환

경제는 호황을 이루기도 하고 때로는 불황을 이루면서 계속해서 순환한다. 경제가 순환하는 내용을 파악하면 어떠한 경제적 요인이 경제 상황에 영향을 미치는지를 이해하고 이에 대응함으로써 경제적인 이득을 취하거나 손해를 감소시킬 수 있다. 앞에서 설명한 재테크, 금융지식을 바탕으로 경제가 어떠한 절차를 통해 순환하는지 알아보자.

경제는 무수한 거래들에 의해 순환된다. 경제를 순환시키는 기초 단위인 거래는 돈을 매개체로 가치를 사고파는 과정을 통해 자금을 유통하며, 시장에 유통되는 자금은 실제 거래에 활용되는 현금과 부채(대출)로 이루어진다. 시장에 유통되는 자금이 많을수록 경제는 활성화되고 줄어들수록 침체되므로 시장 속에서 현금과 부채가 얼마나 많이 순환하고 있느냐는 경제의 호황과 불황을 구분 짓는 결정적인 요소로 작용한다.

여기서 시장에 유통되는 자금은 중앙은행에서 금리를 통해 조절한다. 금리를 높이면 부채에 대한 이자가 증가하게 되므로 부채를 상환하도록 유도해 시장에 유통되는 자금을 감소시키고, 반대로 금리를 낮추면 이자가 감소하므로 더 많은 부채를 부담하도록 만들어 시장에 유통되는 자금을 증가시킬 수 있기 때문이다. 부채의 증가는 경제 호황을 불러오지만, 부채의 증가 속도는 경제의 성장 속도보다 빠르게 진행되는 경향이 있으므로 부채가 지나치게 증가하면 금리를 높여 지나친 인플레이션을 방지하고, 반대로 부채가 지나치게 감소해 경제가 침체되면 금리를 낮춤으로써 경제를 활성화시킨다.

인간은 부채를 갚기보다 더 빌리고 소비하려는 성향을 가지고 있다. 따라서 중앙은행의 금리를 통한 통화량 조절에도 불구하고 전체적인 부채의 양은 계속해서 증가한다. 이렇게 부채의 규모가 계속해서 커지다 보면 어느 순간 금리 조절을 통해 경기를 조절하는 것이 불가능해지는 시점이 온다. 금리를 낮추더라도 부채에 대한 상한 압박이 계속해서 이어져 부채가 줄어들고 지출이 감소하며, 줄어든 지출에 의해 경기는 침체되고 또다시 지출이 줄어드는 상황이 발생한다. 경제위기가 발생하는 것이다.

경제위기가 발생하면 금리는 인플레이션과 디플레이션을 조정하는 기능을 상실한다. 이미 금리적인 부분에서 충분한 조치와 노력이 있었음에도 경제 구조적인 이유로 위기가 발생한 것이기 때문이다. 이런 상황에서는 자산의 가치는 계속해서 감소하고, 부채를 상환할 수 있는 능력이 없는 사람, 기관은 파산하게 되면서 경제는 더욱 악화되며, 이는 또다시 개인과 기관에게 부정적인 영향을 미치는 악순환을 발생시킨다.

이렇게 경제위기가 발생한 상황에서는 문제해결을 위해 정부가 직접 개입하기 시작한다. 화폐를 발행하고 건설사업, 지원금 등의 정부 지출을 통해 경기를 강제로 순환시키며 세금감면, 구제 제도

등을 통해 국민의 경제 안정을 도모하는 것이다.

이러한 과정이 순탄하게 이루어지면, 경기 침체로 인한 디플레이션을 상쇄시키고 금리를 통해 자금을 순환시킬 수 있는 상태로 회복시킬 수 있다. 하지만 반대로 그 과정이 순탄치 않을 경우, 침체는 장기화되고 물가 상승과 경기 후퇴가 함께 나타나는 '스태그플레이션'이 나타나기도 한다. 정부와 기관, 개인의 다양한 노력의 과정을 통해 경제는 다시 회복기에 접어들기 시작하고 금리를 통해 경기를 조절하는 상황으로 복귀한다. 이러한 과정을 통해 경기는 순환을 반복한다.

이처럼 경제가 어떻게 순환되는지를 알면 현재 상황에서 우리가 경제 순환 과정 중 어느 위치에 있는지를 이해하고 이에 대응할 수 있다. 이제는 지금까지의 내용을 바탕으로 우리나라, 일본, 세계 경제위기 과정을 알아보고 그 원인을 이해함으로써 경제에 대한 더 넓은 시야와 안목을 갖추어보자.

한국 IMF 외환위기

한국 IMF 외환위기는 1997년부터 발생했던 외환 유동성의 위기로 인해 수많은 기업이 도산하고 가계 또한 마찬가지로 심각한 경제적 타격을 입었던 사건이다. 쉽게 말하면 우리나라에 국가 간 무역에 필요한 달러가 바닥나 발생한 경제위기 사건이다.

한국 IMF 외환위기의 주요 원인은 당시 지나친 대출로 인한 통화량 확대 정책과 함께 맞물린 부족했던 외화준비금 때문이다. 통화량의 팽창으로 인해 증가한 유동성만큼 각종 기업 및 가계의 경제가 안정적인 생산성 및 기반을 유지하지 못했으며, 이러한 경제 상황 속에서 기축통화인 달러 보유량이 부족해지게 되었고, 그 여파로 수많은 기업과 개인이 파산하며 급격한 경기 침체가 발생하였다. 국가 신용도가 떨어지는 상황에서 국가 부채에 대한 상환 독촉은 더욱 심각해졌고 결국 대한민국은 국제통화기금인 IMF에 금융구제를 요청하게 되었으며, 금융구제에 대한 IMF의 고금리정책, 구조조정, 세금인상, 노동시장의 유연화 등의 조건을 수용함으로써 경기를 회복하기 위한 기반을 마련함과 동시에 외국 자본이 한국에 대거 유입되는 계기가 되었다.

대한민국은 '한강의 기적'이라 불리며 1960년대부터 1990년대 초반까지 꾸준한 고도의 경제성장을 해왔다. 하지만 1997년 미국에서 이루어진 금리 인상과 긴축정책을 계기로 수출주도형 성장을 이루었던 한국의 무역수지가 악화되면서 경기가 침체되고 달러가 미국으로 유출되는 상황에서 달러의 가치는 더욱 증가하게 되었으며, 부채부담 또한 증가하게 되었다. 외화준비금이 충분하지 못한 상태에서는 원화의 가치를 하락시켜 얻게 되는 수출의 경쟁력보다 달러 가치 상승으로 인한 채무 부담이 더 크게 작용하기 때문에,

이도 저도 못하는 상황 속에서 결국 외화 보유량이 바닥나고 국가 경제가 붕괴하는 상황이 발생한 것이다. 기축통화인 달러가 국가 경제에 미칠 수 있는 영향을 보여준 대표적인 사건이다.

> ※ 국제통화기금(IMF)
> 세계은행과 함께 창설된 국제기구로서 선진국을 포함한 세계 각국에서 출자하여 기금을 조성한다. 특정 국가에 달러가 부족한 경우 달러를 융통함으로써 세계 시장을 조율하는 역할을 한다. IMF는 사안을 의결할 때 85% 이상의 찬성을 필요로 하며, 미국은 17.86%의 의결권을 가지고 있어 미국이 동의하지 않으면, IMF의 안건이 처리되지 못하는 구조를 가지고 있다.

일본의 잃어버린 20년

일본의 잃어버린 20년은 1980년대 일본 주식과 부동산 시장 전반에 있었던 거품경제로 인한 장기간의 경기 침체를 말한다. 일본의 무분별한 양적 완화 정책으로 인한 통화 공급은 비정상적인 자산가치 상승을 불러오게 되었고 생산성 향상이 동반되지 않은 인플레이션은 결국 거품을 형성하고 붕괴를 일으켰다. 이 시기에 일본 경제에서 증발한 자산은 우리나라 돈으로 약 1경 6천 500조 원에 이른다.

1970년대 일본의 경제는 무역을 바탕으로 급속한 성장이 이루어졌다. 자동차 산업 및 전자 산업에서 경쟁력을 갖춘 일본은 낮은 환율을 고수하는 정책을 통해 세계 시장을 장악하기 시작하면서, 눈부신 경제성장과 함께 자산가치의 상승을 만들어냈다. 세계 경제를 주도하는 미국은 당시 지나치게 높아진 세계 경제 인플레이션의 억제와 자국의 경기 침체 및 무역 적자를 해소하고자 1985년 플라자 합의를 통해 일본의 엔저 정책을 제한하고 달러의 가치를 떨어뜨리게 되었고, 이로 인해 엔화의 가치는 높아지고 일본 제품들의 가격 경쟁력이 떨어지면서 수출에 심각한 타격을 입게 되었으며, 이에 일본 정부는 경기를 부양하기 위해 금리 인하, 부동산 대출 규제 완화를 통해 급격한 통화팽창 정책을 펼치게 되었다.

하지만 이러한 금융 조치는 기업의 생산성 향상이 아닌 주식과 부동산에 쏠리게 되었으며 경제에 엄청난 거품을 형성하게 되었다. 이에 일본 정부는 지나치게 증가한 인플레이션을 막기 위해 반대로 금리 인상 및 대출 제한의 조치를 취하게 되었고, 이 과정에서 거품이 붕괴되기 시작하면서 주식과 부동산 시장이 폭락하는 상황이 발생한다. 세계 경제 시장의 한 축을 담당했던 일본의 붕괴는 여러 다른 나라들의 경제 상황과 정책에 영향을 주며, 장기간의 경기 침체 시기를 맞이하게 된다. 제대로 적용되지 못한 통화량 공급 정책이 국가 경제에 미치는 영향을 절실하게 보여준 사건이다.

서브프라임 모기지 사태

서브프라임 모기지 사태는 미국에서 신용등급이 낮은 저소득층을 대상으로 주택자금을 빌려주는 미국의 주택담보대출상품인 서브프라임 모기지를 발단으로 시작된 금융위기다. 즉 상환여력이 부족한, 신용이 충분히 확보되지 않은 대상에게 자금을 무분별하게 대출해 주면서 발생한 지나친 통화량의 증가로 형성된 거품이 붕괴되면서 발생한 사건이다.

아프가니스탄, 이라크 전쟁이 길어지면서, 미국은 내수 경제 활성화를 위해 저금리 정책과 함께 대출 완화 정책을 실시하였으며, 통화량 팽창으로 주택 가격의 상승률이 이자율보다 높아지는 상황이 지속되자, 대출을 통한 부동산 투기 열풍이 지속되었다. 하지만 지나친 부동산 가격의 상승 속에서 실 수요자는 계속해서 줄어들고 결국 수요 절벽이라는 벽과 부딪히면서 부동산 폭락이 발생하고, 그 여파가 세계적인 경기 침체로 확산되면서 전 세계에 영향을 주었다.

미국의 부동산 열풍은 자산유동화 증권(ABS)를 통해 부동산을 기초자산으로 수많은 금융상품을 만들어냈다. 관련된 파생상품이 유통되면서 미국뿐만 아닌 세계의 투자자들도 서브프라임 모기지 관련 금융상품에 몰리게 되었으며, 막대한 자금이 몰리게 된 만큼 거품 붕괴로 인한 파급효과 또한 전 세계에 엄청난 충격을 안겨주었다.

> ※ 자산유동화 증권(ABS)
> 기업 및 금융기관이 보유하고 있는 각종 채권 및 부동산 등의 자산을 기초로 증권을 발행하여 시중에 유통시키고 거래하는 것을 말한다. 유동화 증권은 담보를 가지고 있으므로 상대적으로 높은 신용등급을 갖춘 금융상품으로 평가된다.

경제위기 원인

구분	원 인
우리나라 IMF	기축통화인 달러에 대한 외화보유량 부족으로 발생
일본 잃어버린 20년	엔화가치 상승으로 인한 수출감소 극복 과정에서 지나친 금리인하 및 대출확대로 거품 형성
미국 서브프라임 모기지 사태	무분별한 부동산 대출 및 관련 파생상품 유통으로 거품형성
공통적인 특징	지나친 통화량 확대 정책으로 형성된 경제 거품 붕괴

경제는 반복된다

앞에서 살펴본 세계의 큰 경제적 위기들은 앞에서 설명했던 내용을 잘 이해하고 살펴보면 공통점을 가지고 있다. 자연스러운 경제 흐름 속에서 금리 인하, 대출 완화 등의 통화량 팽창 정책을 통해 경제 호황 이후 만들어진 거품이 빠지면서 발생한 큰 침체라는 것이다. 과거의 경제위기들은 단편적인 사건이 아니라 경제가 순환하는 과정의 단면이다. 그리고 또다시 반복될 것이다.

경제는 긴 순환과 함께 그 안에서의 무수히 짧은 순환으로 이루어진다. 그리고 그 과정 속에는 통화, 금리, 환율, 무역, 내수 경제, 자원, 주식, 부동산, 파생상품 등 수많은 경제적 요소들이 복합적으로 결합되어 서로 긴밀한 영향을 주고받는다.

자산의 가치는 통화량의 증가에 의해 자연스럽게 그 가치가 상승하지만, 갑작스럽게 증가한 자산가치는 거품이 되어 결국 붕괴되고 마찬가지로 지나치게 감소한 자산가치는 다시 회복한다. 우리는 이러한 경제 순환 속에서 살아가면서 돈을 벌고, 사용하며, 모으고, 증가시킨다. 지금 우리가 처한 상황은 앞에서 설명했던 순환하는 경제 흐름 속에서 어디에 속해있다고 생각하는가? 우리 주변의 경제적 변수들이 미치는 영향과 그 연관성을 이해할 수 있게 된다면, 현재 우리가 처한 상황을 올바르게 이해하고 이에 대처할 수 있다. 위기의 순간 속에서도 돈을 버는 사람, 활성화된 경기 흐름에 맞추어 돈을 버는 사람, 리스크를 관리하기 위해 대비하는 사람, 경제 상황을 올바로 판단하지 못하고 투자하다가 돈을 잃는 사람. 경제활동을 하는 수많은 사람들의 모습은 결국 이들이 얼마나 금융과 재테크에 대해서 이해하고 실천하고 있는지에 따라 결정된다.

경제는 반복된다. 그리고 우리는 이 흐름에서 벗어날 수 없다. 그렇다면 이 흐름을 익히고 적절하게 대응할 수 있는 능력을 갖춰야 경제적으로 더욱 윤택하고 행복한 삶을 살 수 있게 될 것이다.

금융지식을 당신의
삶에 적용하라.

chapter 6

재무목표의 달성

chapter 6
재무목표의 달성

금융지식의 활용

지금까지 올바른 금융 생활을 영위하기 위해 재테크의 정의, 통장 쪼개기 등 기초적인 금융 및 재무지식부터 시작하여 실제 금융 생활이 이루어지는 기관인 금융사와 금융상품 활용 방법, 각종 투자자산과 관련된 지식, 경제의 순환 과정에 대해 알아보았다. 경제를 구성하는 각 분야는 서로 밀접한 관계를 가지고 있으며, 이를 올바르게 이해해야 전반적인 경제의 흐름을 읽고 올바른 판단과 실천이 가능해진다.

모든 사람은 각자 처한 상황이 다르기에 돈에 대해 서로 다른 가치관과 신념을 가지고 있다. 하지만 금융 및 재테크 지식은 곧 돈을 효율적으로 활용하는 방법이기에 우리가 삶에서 재무적인 문제들을 마주할 때 이를 지혜롭게 해결해나갈 수 있는 방향성을 제시한다. 그렇다면 이제는 지금까지 알게 된 금융지식을 나에게 맞춰 활용하는 방법을 알아보자.

현금흐름 관리

당신이 경제활동을 하고 있다면 가장 중요한 첫 번째 단계는 당신의 현금흐름을 파악하는 것이다. 현재 상태가 어떠한지 알아야 앞으로의 방향성을 설정하고 금융지식을 바탕으로 실천하는 것이 가능하기 때문이다. 스스로 현금흐름을 판단할 때에는 부풀리기, 축소하기 없이 투명하게 있는 그대로를 확인하고 받아들일 수 있어야 한다.

연 기준으로 수입은 얼마나 되는지, 그리고 국민연금, 건강보험료, 이자 비용, 통신비 등의 고정지출은 어느 정도 되는지, 생활비 또는 변동지출은 얼마 정도 되는지 확인하면 나의 목표 지출금액을 설정할 수 있다. 사실 꼭 현금흐름에 대한 어떠한 조치가 이루어지지 않더라도 현금흐름이 어떻게 되는지를 인식하는 것만으로도 도움이 된다. 수입의 변동이 큰 경우에는 자연스럽게 수입을 더 높일 수 있는 방법을 찾아보게 되고, 수입이 크게 변동이 없는 경우 지출을 할 때 의식하게 되는 것만으로도 삶은 조금씩 변화하기 때문이다. 더 나아가 적극적으로 상황이 더 나아질 수 있는 방법을 찾고 실천한다면 삶의 질은 크게 향상된다.

당신의 이번 달 현금흐름은 어떻게 되는지 알아보자. 마이너스인지, 플러스인지, 저축은 얼마 정도 하고 있는지, 주로 지출은 어디에 쓰는지 등 당신에 대해 스스로 잘 알수록 더 나아질 수 있는 방법 또한 구체화되고 명확해질 것이다.

현금흐름 분석

구분		종류
소득정보		수입/급여, 상여금
지출정보	고정	교통비, 통신비, 관리비, 교육비, 유류비, 보험료, 대출이자
	변동	의료비, 유류비, 문화비, 경조사비, 쇼핑, 생활비
자산정보	저축	예금, 적금, 연금, CMA, 청약, 공제회
	투자	주식, 채권, 펀드
	현물	부동산, 자동차 등
대출정보		신용대출, 담보대출, 기타대출

재무비율 확인

현금흐름을 파악하면 전체 현금흐름을 바탕으로 각종 재무비율을 확인함으로써 내가 어떠한 재무상태에 있는지를 확인할 수 있다. 개인 또는 가계에서 활용할 수 있는 재무지표의 종류는 다음과 같다.

재무비율

구분	내 용	적정수준
수지지표	총 지출(고정+변동) / 총 소득	70% 이하
비상금지표	유동자산 / 월 평균지출	3~6배
보험료지표	보장성보험료 / 총 소득	8~10%
부채상환지표	총 부채상환액 / 총 소득	30% 이하
부채부담지표	총 부채액 / 총 자산	40% 이하
저축지표	총 저축(투자포함) / 총 소득	30% 이상
투자지표	총 투자 / 총 저축(투자포함)	30% 이상

계좌 설정하기

돈을 모으는 시작은 계좌를 목적에 따라 알맞게 구성하는 것에서부터 시작한다. 돈이 들어오고 나가는 계좌는 현금관리와 재테크를 할 때 가장 바탕이 되는 요소이기 때문이다. 앞에서 설명했던 '통장 쪼개기'와 '마음속의 계좌'는 통장을 나누고 마음속으로 목적에 따른 목표 금액을 설정하는 것만으로도 현금관리 및 소비 통제에 도움이 된다는 개념이므로 이를 실제 내 목표에 맞추어 수정하고 활용할 수 있어야 한다.

마음속 계좌 활용

식자재
월 20만원 목표

외식
월 30만원 목표

디저트/커피
월 10만원 목표

세부적으로 구분하고 목표 금액을 설정할수록
소비통제 효과는 커짐

금융상품의 활용

다음으로는 당신이 현재 가입하고 있는 금융상품을 파악해야 한다. 나의 목적에 부합하지 않는 가입하고 있는 상품이 있는 것은 아닌지, 불필요하게 빠져나가고 있는 비용이 있는지를 확인하는 것이다.

예를 들어 내 목적에 맞지 않게 들어간 보험 상품이나, 불필요하게 많이 들어가는 주택청약 계좌, 세액공제 한도 이상으로 가입이 되어있는 연금저축, 상환이 가능함에도 유지하고 있는 대출, 더 낮은 금리로 갈아탈 수 있는 대출 등이다. 확인하다 보면 금융상품뿐만 아니라 매월 결제되고 있는 고정지출 중 꼭 필요하지 않은 항목들도 확인할 수 있다. 보험, 대출, 예금, 연금과 같이 특정 금융상품들은 잘 활용하면 삶을 더욱 윤택하게 만들어주는 자산이다. 필요한 금융상품을 먼저 잘 가입해두고 정리한 뒤에 남는 금액을 바탕으로 저축 또는 투자 등을 통해 목돈 마련 등 재무목표를 충족시킬 수 있는 계획을 세워야 한다.

※ 잘 활용하면 금융사 상품

① 은행
- 예금/적금 : 저축계좌 분리를 통한 목돈 마련 가능
- 대출 : 추가 자금 확보를 통한 생산성 향상 가능, 경제 상황에 따른 고정/변동금리 및 상환방법 선택
- 주택청약 : 주택을 분양받기 위한 필수 상품, 소득공제(240만 원) 가능한 월 20만 원 이내 납부
- 외화예금 : 달러 등 환율을 고려한 투자가 가능한 계좌

② 보험사
- 보장성 보험 : 삶의 큰 위험 비용을 대비할 수 있는 보장자산, 실비, 건강, 운전자, 치아, 화재보험 등
- 연금보험 : 복리, 비과세 적용을 통한 장기 저축기능

③ 증권사
- CMA 계좌 : 상대적으로 높은 단기 이율이 적용되는 증권계좌, 주식, 채권, 펀드 투자 등이 가능

- 펀드상품 : 전문가가 대신 자산을 운용해 실적에 따라 배당받는 투자 접근성이 증가한 간접투자 상품
- KRX 금 계좌 : 1g 단위로 매수, 매도가 가능하며, 수수료나 세금이 적게 형성됨

고정지출 줄이기

구분	내 용
대출이자	원금 상환 또는 대환대출을 통한 이자 감액
유류비	주유할인 신용카드, 제휴카드 사용
통신요금	사용량에 맞춘 요금제 설정, 가족 결합 할인, 알뜰폰 사용
보장성보험	필요하지 않거나 비효율적인 보험 정리
연금저축/IRP	납입금액 세액공제 한도 이내로 조정
주택청약계좌	납입금액 소득공제 한도 이내로 조정

재무목표 설정

우리가 투자하고 저축하는 이유는 현재의 만족을 나중으로 미뤄 더욱 가치 있는 소비로 삶의 질을 높이기 위함이다. 열심히 돈을 모아 삶에 도움이 되지 않는 항목에 소비한다면, 차라리 지금 아끼지 않고 소비해서 삶의 편의를 높이는 것이 훨씬 나을 것이다.

삶의 가치를 높이기 위해 당신에게 필요한 재무목표는 무엇인가? 이루고자 하는 목표를 위한 자금이 될 수도 있고, 결혼, 육아, 집, 노후 등 인생에 필요한 목표가 될 수도 있다. 여기에 우선순위를 두고 이를 위한 목표 금액을 설정하면, 더욱 현실적으로 목표를 바라보고 준비할 수 있는 기회가 생긴다. 너무 추상적인 내용, 내 수입을 고려할 때 현실적으로 달성하기 어렵다고 판단되는 목표는 그 이전 단계, 세부단계를 목표로 잡아 하나씩 구체화시켜야 한다.

재무목표 수정

돈을 모아야 하니까 비용이 적고 연비가 좋은 경차를 사자!

돈을 모아야 하니까 우선 전세로 시작하자!

자산을 형성하는 과정에 있다는 사실을 인식

투자성향 파악

재무목표는 이제 단순히 저축만 해서는 달성하기 어려운 시대가 되었다. 투자가 필수라고는 하지만 그렇다고 해서 모두가 반드시 적극적인 투자를 해야 하는 것은 아니다. 개인에 따라 돈에 대한 다양한 가치관을 가지고 있고, 투자에 대한 적극성, 리스크를 받아들이는 인식 등 모든 것에 차이가 있기 때문이다. 어떤 사람은 대출이라는 리스크까지 감내하면서 투자를 하고, 어떤 사람은 조금의 빚만 있어도 불안해한다. 수입의 일정 비율을 반드시 저축, 투자해야 한다는 법칙은 없다. 중요한 것은 미래 자금을 마련하기 위해 수입이 지출보다 많아야 한다는 것, 그리고 개인이 감내할 수 있는 수준에서 투자가 이루어져야 한다는 것이다. 무조건적인 투자는 오히려 지양해야 한다. 의무감에 큰 리스크를 떠안고 투자를 했는데, 하루 종일 투자금액의 변동사항을 확인하는 등 일상생활까지 영향을 받고 있다면, 이는 올바른 투자 방식이라고 할 수 없다.

투자성향 파악

구분	손실가능성	수익	상품
초고위험	높음	높음	ETN, ELW, 레버리지, 선물옵션
고위험	↑	↑	주식, 펀드, 신흥국 채권
중위험	↕	↕	장기주식/펀드, 회사채, ELS
저위험	↓	↓	우량주식/펀드, 금융채, ELB
초저위험	낮음	낮음	MMF, RP, 국공채, 지방채

투자성향을 파악하면 이에 따른 투자 종목을 설정할 수 있다. 투자성향이 공격적이라면 리스크가 높은 상품을 선택하고, 방어적이라면 리스크가 낮은 상품을 선택하면 된다. 우리나라 국민들의 투자 태도는 보통 단기간에 일확천금을 얻고자 하는 경우가 많지만, 극단적으로 높은 수익률이 아니더라도 누적되고 시간이 지나면 자산 증식에 상당한 효과를 볼 수 있다. 그래서 꾸준한 투자 공부 및 실천이 더욱 중요한 가치를 지닌다.

유동성 확보

수많은 변수와 환경적 요인에 의해 영향을 받는 투자시장은 실제로는 미래에 대한 예측보다 상황 변화에 따른 빠르고 적절한 대응이 수익을 달성하는 데 더 중요한 부분을 차지한다. 따라서 투자를 할 때 반드시 고려해야 하는 요소 중 하나는 바로 '유동성'을 확보하는 것이다. 여기서 유동성이란 '자산을 손실 없이 현금화할 수 있는 정도'로서 변동성이 큰 투자환경 속에서 빠르게 대응을 할 수 있는 여건을 조성한다. 유동성이 확보되면 더 나은 방법이 있는 경우, 손실이 예상되는 경우 빠르게 빠져나올 수 있기 때문이다. 투자를 할 때에는 장기적인 안목에 따른 투자금액, 변동 상황에 대응할 수 있는 투자금액을 구분해야 한다. 예를 들어 단기 시세차익을 목적으로 부동산 매입을 한다면, 부동산 직접 투자는 유동성이 떨어지는 장기 투자로 분류되는 만큼 큰 금액이 장기간 묶여 중간에 발생할 수 있는 리스크에 대응하는 것이 어려워 손해를 그대로 감당해야만 한다.

투자를 위해 너무 많은 자금이 오랜 시간 묶여있는 것도 문제가 되지만, 반대로 너무 많은 자금이 활용되지 않고 놀고 있는 경우에도 문제가 될 수 있다. 예를 들어 입출금 통장에 5천만 원이 들어가 있는데, 특별하게 자금이 필요하지 않은 상황에서 쌓여만 있다면 예금 상품이라도 가입하는 것이 더 높은 이자를 적용받을 수 있는 합리적인 방법일 것이다. 따라서 투자를 할 때에는 유동성을 항상 염두에 두고 자산을 구분해서 운용해야 하며, 자산이 너무 오래 묶여있거나 놀고 있는 상황도 염두에 두어야 더욱 안정적이고 효율적인 투자가 가능해진다.

분산투자

투자 방법은 다양하지만, 그중에서 가장 중요한 원칙 중 하나는 투자자산을 분산시키는 것이다. 경제 상황에 대한 적합한 예측을 통해 큰 수익을 볼 수도 있지만, 계속 반복해서 설명하듯 경제는 수많은 변수의 영향을 받기에 한 자산에 자금이 몰려있다면, 한순간에 큰 손해로 이어질 수 있기 때문이다. 그래서 분산투자는 꾸준히 수익을 발생시키면서도, 갑작스러운 수익 변동을 대비할 수 있는 효율적인 방법으로 활용된다. 특정 주식과 같은 종목은 상장폐지라는 극단적인 실패로 이어지기도 하지만, 전체 부동산, 달러, 금, 코스피 시장을 기준으로 바라보면 시기에 따라 순환하므로 잘 분산시키면 시기에 따라 지속적인 수익을 발생시킬 수 있다.

투자와 관련된 연구를 찾아보면 분산투자가 실제 투자 수익률에 핵심적인 영향을 미친다는 연구 결과가 상당히 많다. 자산을 분산시켜 다양한 경제 변동 상황 속에서도 대응할 수 있는 분산투자 방법은 꾸준하고 안정적인 수익을 달성하기 위한 전제조건으로 평가되고 있다.

분산투자

자산을 하나가 아닌 여러 자산으로 분산시킬수록
위험은 감소하고 수익은 높아짐

투자 방식

투자를 하는 방법은 크게 두 가지 방식으로 접근할 수 있다. 전략적, 전술적 투자 방식이다. 이는 시장이 끊임없이 변동되고 순환한다는 것에 대한 공통된 전제조건 하에서 수익을 달성하기 위한 다른 시각으로 이해할 수 있다. 전략적 투자와 전술적 투자에 대해서 알아보자

① 전략적 투자

전략적인 투자는 장기 투자에 적용되는 개념으로 투자 과정에서 작은 변동성에 큰 비중을 두지 않고 투자를 지속하는 방법이다. 일정한 수익률 또는 가치 상승을 목표로 설정하고 이에 도달하게 되면 투자금을 회수하는 것을 기본으로 한다. 장기적인 시각

에서 투자자산이 자연스럽게 경제성장에 따라 가치가 상승한다고 보는 수동적인 투자 방법이다.

② 전술적 투자

전술적인 투자는 시장의 변화에 적극적으로 대응하며 사전적으로 자산 구성방식을 변동시키는 방식이다. 자산가치가 높아질 것으로 예상된다면, 자산을 사전에 매입해 적극적인 수익달성을 위한 노력을 하는 것이다. 전술적 투자는 단기 투자에 적용되는 개념으로 적극적인 투자 방법이며, 경제를 구성하는 수많은 변수를 고려하기 어려운 상황 속에서 수익을 달성하기 위해 다양한 투자기법이 활용되고 있다.

전략적, 전술적 투자 방식은 같은 상황 속에서도 다른 대응을 불러일으킨다. 예를 들어 주식 가치가 떨어질 것으로 예상되는 상황이라면 전략적 투자 방식의 경우 장기적으로 가치가 회복되고 더욱 높아질 것으로 바라보기에 오히려 더 많은 수익을 볼 수 있을 것으로 생각하고 추가 매입을 한다. 하지만 전술적 투자 방식으로 접근하면, 단기적으로 떨어질 것이기에 **빠르게 매도하는 것**이 손해를 줄이는 방법이 된다. 이처럼 전략적, 전술적 투자 방식은 투자 기간에 대한 관점 차이로부터 발생하며, 접근의 차이일 뿐 어느 한 방식이 절대적으로 좋다고 할 수 없기에 다양한 스타일의 투자 방식을 알고 이를 상황에 따라 적절하게 활용할 수 있는 능력을 갖추는 것이 중요할 것이다.

투자방식

구분	내용
전략적 투자	장기 투자에 적용되는 개념 작은 변동성에 큰 비중을 두지 않고 투자를 지속
전술적 투자	단기 투자에 적용되는 개념 시장의 단기 변화에 적극적으로 대응

투자기준 설정

투자를 할 때에는 기준을 설정해야 한다. 투자 종목에 따른 진입기준, 이탈기준, 목표 수익률 등이 명확하게 설정되어야 일관성 있는 투자가 가능해지기 때문이다. 또한 정해진 기준을 바탕으로 투자가 이루어져야 시행착오를 겪거나 손해가 발생하는 경우 이를 분석하고 개선해나갈 수 있다.

일관된 기준 없이 투자가 이루어지는 경우 수익이나 손해가 나더라도 그 원인에 영향을 미치는 내 투자 방식의 장단점을 파악할 수가 없기에 더 좋은 결과를 만들어내는 것이 어려워진다. 또한 목표 수익률은 이를 달성하기 위한 공부와 실천을 하도록 만들며, 도달할 경우 만족하며 이탈할 수 있는 훌륭한 지표가 된다. 목표 수익률이 없다면 충분한 수익을 달성하였음에도 더 많은 욕심을 부리다가 손해를 보는 경우도 발생할 수 있다.

경제 상황 파악

투자를 고려할 때에는 먼저 경제 상황을 파악해야 한다. 예를 들어 주식을 한다면, 경기가 호황이라면 어떤 투자를 하더라도 수익을 보기가 쉽고, 경기가 불황이라면 어떤 투자를 하더라도 손해를 보는 경우가 많기 때문이다. 따라서 순환하는 경제에 대한 이해를 바탕으로 현재의 상황을 장기적, 단기적으로 어느 시점에 있는지 파악해야 할 필요가 있다. 단기적으로 인플레이션과 디플레이션이 반복되는 순환 속에서 어느 시점에 있는지, 장기적으로 인플레이션이 유지되는 상황인지, 거품이 많이 껴있는 상황인지를 판단하는 것이다.

경제 상황을 파악하는 것은 뒤에서 다룰 투자 진입 시점 및 투자 종목을 결정하는 중요한 기준이 되기에 중요한 의미를 지닌다. 그리고 이러한 경제 상황을 제대로 파악하기 위해서는 앞에서 설명했던 각종 금융 및 재테크 지식이 필요하다. 무역수지, 금리, 정책, 환율, 통화량 등의 금융지식과 주식, 채권, 달러, 금, 부동산 등의 재테크 지식은 수많은 변수가 작용하는 시장에서 거시적으로 상황을 올바르게 인식하고 경제에 작용하는 다양한 변수들을 합리적으로 판단할 수 있는 요소로 작용하기 때문이다.

투자 결정

경제 상황을 파악했으면 다음으로는 현재 시점에서 장기적, 단기적으로 어떻게 자금을 분배할지, 어떤 종목에 투자할지를 결정해야 한다. 미시적으로는 경기가 디플레이션 단계에 있지만, 거시적인 측면에서 인플레이션이 유지될 것으로 예상된다면, 단기적으로는 변화하는 침체 상황에 대응하는 투자를 하고, 장기적으로 오를 것으로 예상되는 종목에 투자함으로써 적절한 투자 방법을 결정하고 자금을 배분하는 것이다.

경기가 호황이라면 활발한 투자 및 거래가 이루어지는 주식, 부동산 등의 종목을 선택하고, 불황이라면 대체 투자 또는 안정자산으로 자금이 몰리는 경향이 있으므로 금, 달러 등의 자산을 투자 종목으로 선택하면, 좀 더 효율적이고 안정적인 투자가 가능해진다. 마찬가지로 경기에 거품이 많이 끼어있는 상태라고 판단된다면, 장기 투자는 만약에 발생할 수 있는 침체 상황에 대응하기 어려울 수 있으므로 단기적인 투자 위주로 자금을 운용하는 것이 효율적일 것이다.

이처럼 투자를 결정할 때에는 거시적인 측면에서 미시적인 방향으로 상황을 분석하고 투자 종목을 결정해야 한다. 미시적으로 먼저 투자 종목을 결정하고 시장 분석으로 넘어가는 경우 선택을 합리화하는 쪽으로 분석하게 되는 경향이 있으므로 올바른 판단을 저해하는 요소로 작용할 수 있어 주의가 필요하다.

투자종목 설정

거시적 사고   미시적 분석

거시적인 사고를 통해 미시적인 분석으로

투자 대상 설정

유동성을 고려해서 자금을 분배하고 종목을 선택했다면, 본격적으로 투자를 할 대상을 결정해야 한다. 부동산 열풍 속에서 부동산 투자를 할 생각이라면 더 많은 금액이 오를만한 최적의 대상을 찾는 것이다. 세부적인 투자 대상을 찾는 과정에서는 해당 종목에 대한 지식과 노하우가 중요하며, 이러한 요소를 갖추고 잘 활용할 경우 더 많은 수익을 얻을 수 있다. 더 많은 투자수익을 원한다면 세부 분야에 대한 지속적인 관심 및 공부, 다양한 시도와 노력이 동반되어야 한다.

재무목표 달성

현금흐름을 파악하고, 분석을 통해 목표를 결정하고, 필요한 금융상품을 적절히 활용해 자산을 관리하고, 투자기준을 확립하고, 경제 상황을 파악해 투자금액 및 종목을 설정하면 이제 남은 것은 지속적인 실천, 재테크 분야에 대한 공부, 다양한 시도를 통한 시행착오와 전문성 향상 등의 노력을 통해 실력을 쌓고 실제 수익을 만들어내는 것뿐이다.

앞에서 설명한 개념을 바탕으로 소비 통제와 같은 자산 관리 및 투자와 같은 자산 증식의 과정은 운이 아닌 실력의 영역이다. 금융에 대한 올바른 시야를 갖추고 이를 실천하기 위해 꾸준히 노력한다면, 재무적인 사고, 돈에 대한 인식, 재테크에 대한 태도, 형성된 재테크 실력은 나의 상황을 당장 크게 변화시키지 않더라도 몇 년 후, 수십 년 후의 나의 상황을 크게 변화시키는 요인으로 작용할 것이며, 당신이 바라는 재무목표는 어느새 당신 앞에 성큼 다가와있게 될 것이다.

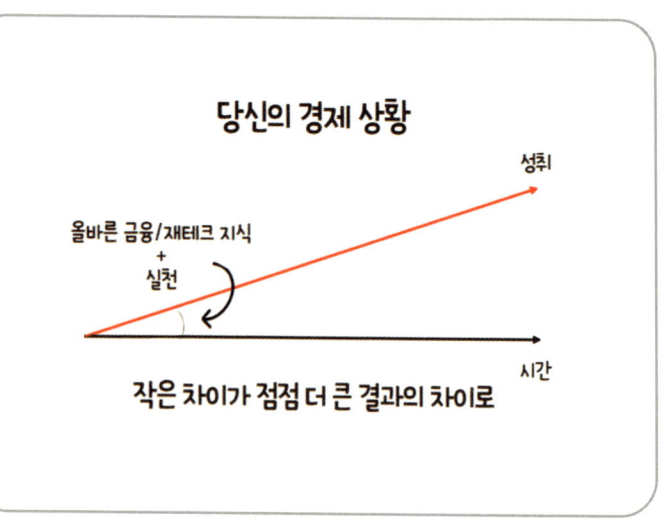

알아두면 좋은 금융상식

① 신용관리

신용점수는 개인의 거래내역을 바탕으로 향후 1년 내 90일 이상 연체가 발생할 가능성을 수치화한 지표로 금융소비자의 신용거래에 금리 등 조건을 결정하는 중요 기준으로 활용된다. 금융감독원에 따르면 신용점수는 주로 연체나 부도, 신규 대출금 증가 등의 평가 요인에 따라 달라지지만, 상당 부분은 개인의 신용관리방법에 대한 정보 부족 및 관리 소홀에 기인한다고 한다. 신용관리에 대한 올바른 정보를 바탕으로 관리하는 것만으로도 대출 등 신용거래 시 낮은 금리 등 여러 측면에서 우대를 받을 수 있다는 것이다.

개인신용점수 관리 10계명

1. 인터넷, 전화 등을 통한 대출은 신중하게 결정하세요
2. 건전한 신용거래 이력을 꾸준히 쌓아가세요
3. 갚을 능력을 고려하여 적정한 채무규모를 설정하세요
4. 주거래 금융회사를 정하여 이용하세요
5. 타인을 위한 대출보증은 가급적 피하세요
6. 주기적인 결제대금은 자동이체를 이용하세요
7. 연락처가 변경되면 반드시 금융회사에 통보하세요
8. 연체는 소액이라도 절대로 하지 마세요
9. 연체 상환시에는 오래된 것부터 상환하세요
10. 본인의 신용정보 현황을 자주 확인하세요

출처 : 금융감독원

② 금융상품통합비교공시 사이트

https://finlife.fss.or.kr/main/main.do

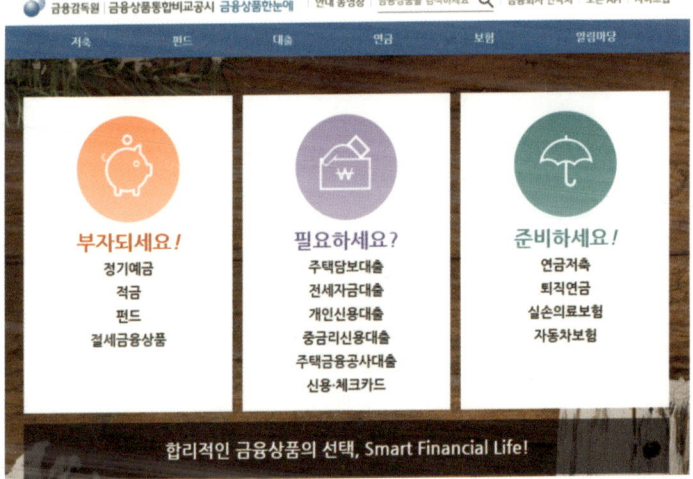

chapter 6 재무목표의 달성

금융상품통합비교공시 사이트는 금융감독원에서 운영하며, 각 금융기관별 정기예금, 적금, 펀드, 절세금융상품, 대출, 연금저축, 퇴직연금, 실손의료보험, 자동차보험에 대한 정보를 소비자가 비교할 수 있도록 만들어진 사이트다. 시중에 있는 다양한 금융기관의 다양한 상품들을 한눈에 비교할 수 있어 합리적인 상품을 판단하는 좋은 판단 기준을 제공한다.

노후대비

노후는 우리의 미래이자 경제적으로 반드시 준비해야 하는 재무목표에 해당한다. 앞에서도 강조하고, 마지막에서 노후대비를 다시 한번 강조하는 이유는 우리는 모두 노인이 되어 은퇴하는 시기를 반드시 마주하게 될 것이기 때문이다.

노후 준비는 단순히 금전적인 부분에 국한되지 않는다. 생활비 등 필요한 활동을 할 수 있는 자금도 중요하지만, 일상생활에 급격한 변화가 발생하는 만큼 관계적인 부분, 개인의 신체와 정신건강 또한 잘 준비를 해야만 윤택하고 풍족한 생활을 영위할 수 있어 다양한 측면에서 준비가 필요하다.

① 신체 건강

나이가 들면 근육, 골밀도 등이 감소하면서 활력과 체력이 감소한다. 이는 신체 노화가 발생하면서 이루어지는 자연스러운 현상이다. 또한 나이가 증가하면서 면역력이 감소하고 각종 질병에 대한 위험률이 증가하므로 적정한 영양소 섭취, 운동과 같이 건강한 신체를 유지할 수 있는 생활습관을 형성해야 한다.

② 인간관계

윤택한 인간관계는 건전하고 건강한 정신을 유지하기 위한 필수 조건이다. 사람은 누구나 관계에 대한 욕구를 가지고 있으며, 어떠한 사람들과 어떤 관계를 유지하느냐에 따라서 삶에 느끼는 만족과 행복이 결정되므로, 주변 사람들과 서로를 존중하고 공감하며 긍정적인 에너지를 주고받을 수 있는 관계를 구축해 놓아야 한다.

③ 생활비

노후 시기에는 인간다운 삶을 살아가기 위해 최소한의 자금을 준비해야 한다. 돈은 의식주뿐만 아니라, 취미, 여행, 관계 형성 및 유지 등 모든 부분에 필요하기에 물질적, 정신적으로 윤택한 생활을 위해서는 충분한 생활비를 미리 준비해야 한다. 이를 대비하는 방법으로는 국민연금, 퇴직연금, 개인연금 등이 있으며, 주택을 연금으로 전환하거나 그동안 경제활동을 하며 형성된 자산을 통해 노후를 준비하기도 한다.

　이 책을 읽은 독자들이 자본주의 속에서 평생 활용해야만 하는 금융 생활을 올바른 정보를 바탕으로 이해하고 실천함으로써 노후를 포함한 삶의 다양한 재무목표를 달성하고 더욱 윤택한 삶을 영위할 수 있기를 희망한다.

사랑하는 우리 가족의
행복을 기원하며

부자가 되기 위해 알아야 하는 돈의 속성
삶에 필요한 재테크,

쉽게 배우는 금융지식

초판 1쇄 발행 2023. 2. 10.
2쇄 발행 2024. 5. 20.

지은이 전의진
펴낸이 김병호
펴낸곳 주식회사 바른북스

편집진행 김재영
디자인 박시현

등록 2019년 4월 3일 제2019-000040호
주소 서울시 성동구 연무장5길 9-16, 301호 (성수동2가, 블루스톤타워)
대표전화 070-7857-9719 | **경영지원** 02-3409-9719 | **팩스** 070-7610-9820

•바른북스는 여러분의 다양한 아이디어와 원고 투고를 설레는 마음으로 기다리고 있습니다.

이메일 barunbooks21@naver.com | **원고투고** barunbooks21@naver.com
홈페이지 www.barunbooks.com | **공식 블로그** blog.naver.com/barunbooks7
공식 포스트 post.naver.com/barunbooks7 | **페이스북** facebook.com/barunbooks7

ⓒ 전의진, 2024
ISBN 979-11-92942-25-4 03320

•파본이나 잘못된 책은 구입하신 곳에서 교환해드립니다.
•이 책은 저작권법에 따라 보호를 받는 저작물이므로 무단전재 및 복제를 금지하며,
이 책 내용의 전부 및 일부를 이용하려면 반드시 저작권자와 도서출판 바른북스의 서면동의를 받아야 합니다.